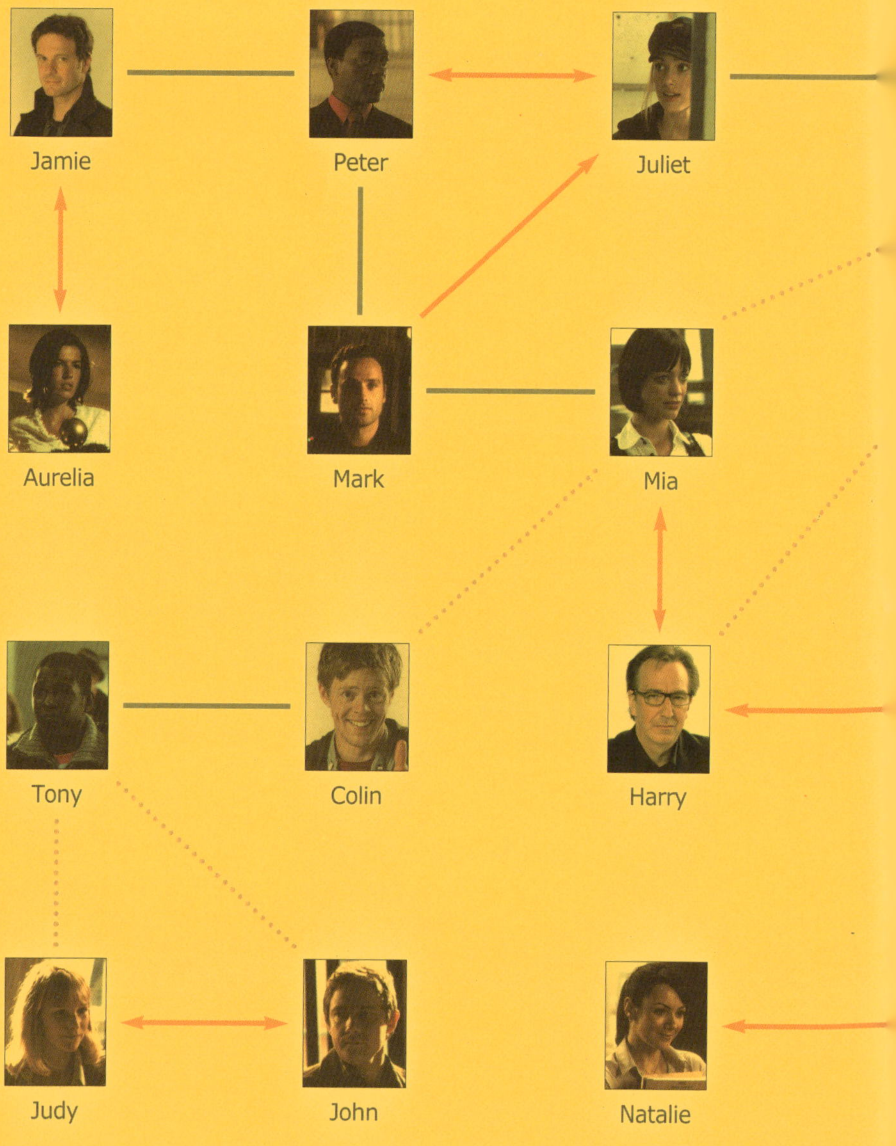
Jamie
Peter
Juliet
Aurelia
Mark
Mia
Tony
Colin
Harry
Judy
John
Natalie

Film Family

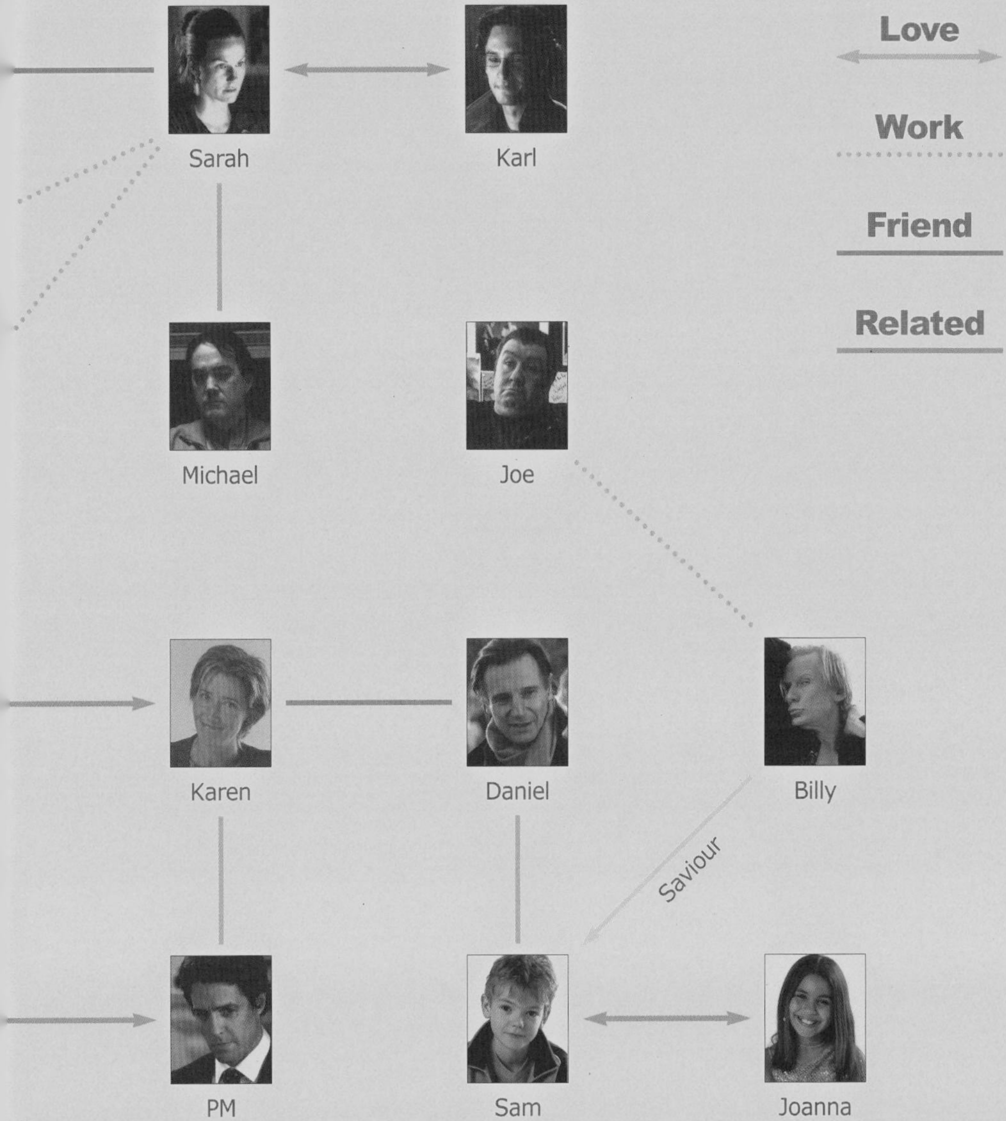
Love
Work
Friend
Related
Sarah
Karl
Michael
Joe
Karen
Daniel
Billy
Saviour
PM
Sam
Joanna

Tree

loveactually

러브 액츄얼리 | Love Actually

2006년 05월 23일 초판 1쇄
2009년 01월 07일 초판 4쇄

번역 · 해설 | 우수정
펴 낸 이 | 조치영
편집 · 디자인 | 윤정미
마 케 팅 | 손정선
경영지원 | 마하선
인　　쇄 | 삼성인쇄사
펴 낸 곳 | 스크린영어사

서울특별시 관악구 신림 9동 1514번지
TEL | (02)887-8416
FAX | (02)887-8591
http://www.screenplay.co.kr

등록일자 | 1997년 7월 9일
등록번호 | 제16-1495

책값 18,000원
ISBN 978-89-87915-73-9

* 잘못 만들어진 책은 구입하신 서점에서 교환해드립니다.

loveactually

스크린영어사

Love Actually를 시작하며

2003년 성탄절을 앞두고 개봉된 이 영화는 유명한 로맨틱 코미디 작가 리처드 커티스가 감독으로 나선 작품이다. 리처드 커티스는 이 영화 외에도 "네 번의 결혼식과 한 번의 장례식", "노팅힐", "브리짓 존스의 일기"와 같은 흥행 작품을 쓴 장본인이기도 하다. 리처드 커티스는 1970년부터 1974년까지 수상으로 역임했던 에드워드 히이스를 보며 이 영화를 구상하게 되었다. 이 영화에서는 항상 리처드 커티스 작품에서 그래왔듯이 휴 그랜트가 주역 중 하나를 맡았다. 이 영화를 본 관객들의 반응은 대부분 아주 좋거나 아주 안 좋다. 그 이유는 이 영화의 묘미이자 또 단점이 될 수 있는 여러 가지 사랑 이야기를 동시에 전개해 나간다는 것이다. 어떻게 보면 산만할 수도 있지만 그 모든 사랑이 마음에 잔잔한 느낌과 감동을 선사해 주며 또한 복잡하지 않게 하나하나의 이야기를 풀어나간다는 것이 이 영화의 또 하나의 매력이다. 영화에 나오는 모든 사랑 이야기는 젊은 남녀의 사랑에서부터 시작하여 어린 십대의 풋사랑까지 모두 이 세상에 있을 법한 그런 평범하고도 미소를 머금게 하는 사랑이다.

한 나라의 수상으로 중대한 위치에 있지만 그 전에 평범한 한 남자로서 한 여자에게서 느끼는 매력과 사랑을 뿌리칠 수 없어 단숨에 그 사랑을 찾아가는 수상의 모습은 유치하기까지 하다. 그래도 그에게 박수를 보낼 수 있는 것은 그 내면에 있는 평범한 한 남자의 사랑에 대한 열정과 용기를 엿볼 수 있어서가 아닐까 한다. 박수를 보내고 싶은 또 하나의 사랑은 마크의 짝사랑이다. 친구의 아내가 된 여자를 남몰래 사랑한 남자. 그 숨겨온 사랑을 그녀에게 들켰을 때의 그의 모습은 영화를 보는 모든 사람의 가슴을 찡하게 만든다. 하지만 그의 사랑이 더욱 아름다워질 수 있는 것은 용기를 내어 사랑하는 사람에게 사랑 고백을 한다는 것이다. 잔잔한 크리스마스 캐럴이 배경으로 깔리며 카드에 크게 적힌 글을 통해 사랑을 고백하는 장면은 이 영화의 빼놓을 수 없는 명장면 중 하나이다. 한편 제이미는 사랑의 아픔을 딛고 언어의 벽을 뛰어넘어 오렐리아와 사랑을 하게 된다. 그 역시 용기를 내어 사랑을 찾아 비행기를 탄다. "용기를 가진 자만이 진정한 사랑을 얻는다."는 말을 새삼스럽게 느끼게 해준다. 슬픔을 딛고 또 다른 하나의 사랑을 찾게 되는 또 한 명의 남자, 다니엘은 의붓아들의 사랑을 위한 든든한 후원자이기도 하다. 그의 아들 샘은 엄마를 잃은 슬픔에도 불구하고 한 소녀에게 향한 마음을 어쩔 줄 몰라하며 고민한다. 이 외에도 국내 개봉에서는 삭제되었지만 베드신 대역 배우들의 풋풋한 사랑도 이 책을 통해서 만날 수 있을 것이다.

이 세상에는 따뜻함을 전해주는 사랑도 있지만 그렇지 않은 사랑도 있다. 이 영화에 나오는 이야기 중 하나인데, 바로 한 남자, 해리의 외도이다. 사랑하는 아내와의 사이에서 두 자녀를 둔 이 남자는 평범한 남자라면 누구나 한번쯤은 겪어봄직한 여자에게서의 유혹을 뿌리치지 못하고 넘어가고 만다. 물론 이 영화에서 해리와 그의 사무실 직원 미아와의 관계를 사랑이라고 표현하기엔 그 관계가 너무 일시적이긴 하지만 이 역시 우리가 사는 이 세상에서 흔히 볼 수 있는 관계이다. 이밖에 남녀의 사랑 외에도 한때 잘나가던 록가수와 그의 매니저 사이의 친구간의 우정도 찾아볼 수 있다.

이 영화에서 특기(特記)할 만한 것 중의 하나는 영국 수상이 머무는 다우닝 가 10번지이다. 수상(휴 그랜트)이 춤을 추며 내려오던 계단이나 회의실, 수상의 집무실 등 세계적으로 유명한 장소들을 이 영화를 통해서 만날 수 있을 것이다. 또한 이 영화는 미국식 영어 발음에 익숙한 우리 나라 사람들에게 영국식 발음을 경험할 수 있는 좋은 영화가 될 것이다.

우 수 정

Contents

콜론(:)의 용법

한국어에는 거의 없는 용법이지만 영어에서는 많이 사용되는 아주 중요한 용법이니 잘 알아두자.

1. 콜론 앞은 붙이고 (한 칸 띄우면 안 됨) 콜론 뒤는 반드시 한 칸 띄워야 한다.
2. 보통 3개 이상을 나열할(list) 때 콜론을 사용한다.
3. 콜론 앞의 문장이 완벽한 문장(complete sentence)이어야 한다.
   (1) 콜론 앞이 명사로 끝나거나
   (2) 콜론 앞이 the following 또는 as follows로 끝나야 한다.
4. 나열되는 명사들은 콤마(,) 또는 세미콜론(;)으로 구분해준다.
   예: I have three favorite actors: Paul Newman, Woody Allen, and Harrison Ford.
   We took the following: a tent; two sleeping bags; and a lantern.

• 일러두기
본 책에서는 등장인물과 대사의 확실한 구분과 효과적인 내용 전달을 위해
등장인물 다음에 공간을 띄우고 콜론을 사용하였다.

Chapter 1

The People in Love

사랑에 빠진 사람들

Movie Talk

영국에서의 장례식과 결혼식

Weddings and Funerals in England

ost

All You Need Is Love

Sung by Lynden David Hall

Chapter 1

사랑에 빠진 사람들

The People in Love

시간 00:00:00 ~ 00:17:09

1. INT. ARRIVALS GATE. HEATHROW AIRPORT. DAY

Darkness. Then real documentary footage of the most miscellaneous of groups and couples at the arrivals gate, all kissing, all full of affection and emotion. A voice over begins.

PM : (VO) Whenever I get gloomy with the state of the world, I think about the Arrivals Gate at Heathrow Airport. General opinion's starting to make out that we live in a world of hatred and greed... but I don't see that... seems to me that love is everywhere. Often it's not particularly dignified, or newsworthy... but it's always there... fathers and sons, mothers and daughters, husbands and wives, boyfriends, girlfriends, old friends. When the planes hit the Twin Towers, as far as I know, none of the phone calls from the people on board were messages of hate and revenge—they were all messages of love.

1. 낮. 히스로 공항. 내부. 도착 출구

히스로 공항 도착 출구에서 서로 키스를 하는 연인들과 포옹하는 여러 사람들의 모습이 비쳐지고 수상의 목소리가 나온다.

수 상 : (목소리만) 세상 일에 우울해질 때마다 나는 히드로 공항의 도착 출구를 생각한다. 일반적으로 생각할 때, 우리는 미움과 욕심이 가득한 세상에서 살고 있다고 하지만 나는 그렇게 생각하지 않는다. 나는 이 세상 어디에나 사랑이 있다고 생각한다. 사랑이 특별히 존귀하거나 기사거리가 될 만큼 특별한 것은 아니지만 아버지와 아들, 엄마와 딸, 남편과 아내, 남자 친구, 여자 친구, 오랜 친구들 사이에 항상 존재한다고 생각한다. 내가 아는 바로는, 비행기가 쌍둥이 빌딩에 충돌했을 때 비행기에 탑승했던 사람들이 남긴 전화 메시지 중 그 어떤 메시지도 미움과 복수에 관한 것은 없었다. 모두 사랑의 메시지였다.

- **gloomy**
  우울한, 어두운.
- **dignified**
  위엄 있는, 고귀한, 기품 있는.
- **newsworthy**
  보도 가치가 있는, 기사 거리가 되는.
- **as far as I know**
  내가 알고 있는 한에서는.
  = so far as I know
- **revenge**
  복수, 복수심, 원한.

If you look for it, I've got a sneaky feeling you'll find that love actually is all around.

2. INT. A RECORDING STUDIO. NIGHT

Cut to a recording studio, a wonderful looking battered 55 year old ex-giant of rock is singing. Three noisy backing singers are really going for it beside him.

BILLY (THE OLD ROCKER) : "I feel it in my fingers, I feel it in my toes. Love is all around me. And so the...."

Joe, his manager, is in the control room with the engineer. Joe is unprepossessing, chubby, in his forties.

JOE : I'm afraid you did it again, Bill.

BILLY : It's just I know the old version so well, you know.

JOE : Well, we all do. That's why we are making the new version.

BILLY : Right. Okay. Let's go.

The intro strikes up again.

BILLY : "I feel it in my fingers. I feel it in my toes. Love is all...." Oh, fuck wank bugger shitting arse head and hole. Start again.... (the intro plays) "I feel it in my fingers. I feel it in my toes. Christmas is all around me...."

Cut to Joe, deely pleased.

당신이 사랑을 찾는다면, 사랑이 실제로 어디에나 있다는 것을 알게 될 거라는 느낌이 든다.

2. 밤. 녹음실. 내부

한때 잘 나가던 55세의 록 가수, 지친 모습으로 노래하고 있다. 그 옆에는 3명의 코러스가 열심히 노래하고 있다.

빌리(이전의 록 가수) : "나는 손끝으로 느껴요, 나는 발끝으로 느껴요. 사랑이 나를 둘러싸고 있다는 것을. 그리고……."

뚱뚱하고, 그다지 잘 생기지 않은 40대인 빌리의 매니저, 조는 엔지니어와 함께 통제실에 있다.

조 : 빌, 또 잘못 불렀어.

빌 리 : 너도 알다시피 내가 원래 가사에 너무 길들여져 있어서 그래.

조 : 그거야 우리도 마찬가지지. 그래서 우리가 새로운 가사를 만드는 거잖아.

빌 리 : 그렇지, 알았어. 다시 해 보자.

반주가 다시 시작된다.

빌 리 : "나는 손끝으로 느껴요, 발끝으로 느껴요. 사랑이……. 이런 제기랄, 다시 시작! (반주가 연주된다.) 나는 손끝으로 느껴요, 발끝으로 느껴요. 성탄절이 어디에나 있어요."

조, 아주 만족해한다.

- **battered**
  오래 써서 낡은, (생활에) 지쳐서 초라해진.
- **unprepossessing**
  호감이 안 가는, 인상이 나쁜.
- **chubby**
  토실토실 살찐, (얼굴이) 통통한.
- **I'm afraid you did it again.**
  안됐지만 또 잘못 불렀어.
  - I'm afraid ~
    안됐지만, 유감스럽지만.
- **you know**
  너도 알다시피.

I've got a sneaky feeling (that) ~.
~일거라는 느낌이 든다.
- sneaky
  몰래하는, 비열한, 비밀의, 은근한.

이것만은 꼭!

I've got a sneaky feeling (that) ~.

~일거라는 느낌이 든다.

BILLY : "And so the feeling grows. It's written in the wind. It's everywhere I go. So if you really love Christmas, come on and let it snow...." (to Joe) This is shit, isn't it?

JOE : Yup. Solid gold shit, Maestro.

3. VARIOUS LONDON SITES. DAY

Christmas trees are being put up. London streets are decorated with twinkling Christmas lights. Ice skaters are whirling round the ice rink at Somerset house.

4. EXT. JAMIE'S HOUSE. DAY

5. INT. JAMIE'S HOUSE. DAY

Jamie. 38. Good-looking and good-natured. He is preparing to go out but running late. His girlfriend Katya, who is curled up sick in bed watches on.

JAMIE : God, I'm so late.

KATYA : It's just round the corner, you'll make it.

JAMIE : You're sure you don't mind me going without you?

KATYA : No, really. I'm just feeling so rotten.

JAMIE : I love you.

He kisses her.

KATYA : I know.

JAMIE : I love you even when you're sick and look disgusting.

He kisses her again.

빌 리 : "그리고 그 느낌이 자라고 있어요. 바람에 쓰여 있고 내가 가는 곳 어디에나 있어요. 당신이 성탄절을 정말 사랑한다면 자 오세요. 눈이 내립니다." (조에게) 형편없지?

조 : 그래 아주 형편없지. 명가수야.

3. 낮. 런던 거리의 전경

런던 거리에는 성탄절 장식의 나무들과 전구들로 빛나고 있고, 서머셋의 스케이트장에서는 스케이트를 타는 사람들이 빙글빙글 돌며 스케이트를 타고 있다.

4. 낮. 제이미의 집. 외부

5. 낮. 제이미의 집. 내부

38살의 잘 생기고 온후한 성격의 제이미, 늦어서 서둘러 나갈 채비를 하고 있다. 그의 여자 친구인 카티야는 아파서 침대 이불 속에서 웅크리고 앉아 제이미를 바라보고 있다.

제이미 : 이런, 너무 늦었네.

카티야 : 가까운데 뭘 그래. 제시간에 갈 수 있을 거야.

제이미 : 너 혼자 두고 그냥 가도 정말 괜찮겠어?

카티야 : 응, 정말 괜찮아. 단지 그냥 몸이 좀 안 좋아서.

제이미 : 사랑해.

제이미, 그녀에게 키스한다.

카티야 : 알고 있어.

제이미 : 나는 네가 아플 때도 그리고 정 떨어지게 보일 때도 널 사랑해.

제이미, 그녀에게 다시 키스한다.

- **solid gold shit**
  '아주 잘했다'는 의미를 반어적으로 표현.
- **maestro**
  대음악가, 대작곡가, 명지휘자.
- **twinkling**
  반짝반짝하는, 빛나는.
- **whirl**
  빙글빙글 돌다, 소용돌이치게 하다.
- **good-looking**
  잘생긴.
- **good-natured**
  착한, 온후한, 친절한.
- **curl up**
  웅크리고 앉다.
- **rotten**
  약한, 푸석푸석한, 불쾌한.
- **disgusting**
  정말로 싫은, 정나미가 떨어지는.

You'll make it!
제시간에 갈 수 있을 거야.
또 다른 의미, '수행하다', '성공하다'라는 뜻으로도 많이 쓰인다.

이것만은 꼭!

You'll make it!

제시간에 갈 수 있을 거야.

KATYA : I know. Now go, or you will actually miss it.

JAMIE : Right.

He walks out to leave and Katya falls back on to the pillows. Jamie sticks his head round the door again.

JAMIE : Did I mention that I love you?

KATYA : Yes, you did. Get out, loser!

Jamie leaves.

6. INT. DANIEL'S HOUSE. DAY

Daniel, a recent widower, sits very sorrowfully in his house. His head is in his hands. Then, he lifts his head, picks up the phone, and dials.

DANIEL : Karen? It's me again. I'm sorry, I literally don't have anyone else to talk to.

Karen is in her kitchen answering the phone—mid-forties, very English, still quite nice looking, and good.

KAREN : Absolutely. Horrible moment right now, though. Can I call you back?

DANIEL : Of course.

KAREN : It doesn't mean I'm not terribly concerned that your wife just died.

DANIEL : Understood. Er, bugger off, call me later.

He hangs up.

카티야　　: 알아, 자 이제 가. 안 그러면 정말로 늦겠다.
제이미　　: 알았어.

제이미가 나가자, 카티야는 다시 침대에 눕는다. 그때, 제이미가 다시 문 쪽에 얼굴만 내민다.

제이미　　: 내가 사랑한다고 말했었나?
카티야　　: 응, 했어. 가, 바보야.

제이미, 집을 나선다.

6. 낮. 다니엘의 집. 내부
최근에 아내를 잃은 다니엘, 얼굴을 손에 묻고 슬픔에 잠겨 앉아 있다. 얼굴을 들고 전화기를 집어 전화를 건다.

다니엘　　: 카렌? 나 또 걸었어. 미안, 정말 달리 얘기할 사람이 아무도 없어서.

카렌,—아름답고 전형적인 40대 영국 여인—부엌에서 전화를 받는다.

카 렌　　: 괜찮아. 근데 지금 좀 많이 바빠서… 내가 전화해 주면 안 될까?
다니엘　　: 그래, 그럼.
카 렌　　: 그렇다고 네 아내의 죽음을 아무렇지도 않게 생각하는 것은 아니야.
다니엘　　: 알았어. 끊고 나중에 전화해.

다니엘, 전화를 끊는다.

- **mention**
  언급하다.
- **widower**
  홀아비.
  - widow
    미망인, 홀어미.
- **sorrowfully**
  슬퍼하며, 비탄에 잠겨, 애도하며.
- **literally**
  글자 뜻대로, 사실상, 정말로, 완전히.
- **absolutely**
  절대적으로, 무조건으로, 완전히.
- **horrible**
  아주 안좋은.
- **terribly**
  몹시, 굉장히.
- **Bugger off!**
  끊어.
  원래의 뜻은 "꺼져, 가버려!"라는 의미로 영국 영어 속어 중 하나의 표현으로 미국 영어에서는 흔히 들을 수 없다.

You will actually miss it.
정말로 늦겠다.
- miss
  놓치다, 못 맞히다.

이것만은 꼭!

You will actually miss it.

정말로 늦겠다.

7. INT. KAREN'S HOUSE. DAY
Karen goes back to the question in hand. She turns to her daughter, Daisy, who is sweet and 7.

KAREN : So... what's this big news then?

DAISY : We've been given our parts in the Nativity play. And I'm the lobster.

KAREN : The lobster?

DAISY : Yeah.

KAREN : In the Nativity play?

DAISY : Yeah. First Lobster.

KAREN : There was more than one lobster present at the birth of Jesus?

DAISY : Duh....

8. EXT. THE FAIR-TRADE OFFICE. MORNING
Colin's van pulls up outside the fair-trade office. He steps out of it.

9. INT. THE FAIR-TRADE OFFICE. MORNING
Colin enters, he's the guy who brings sandwiches round to companies. It's an interesting place, a fair-trading company, mixture between charity and the body shop—50 people—lots of smartly designed posters and marketing stuff on desks and walls. Colin is walking aroud delivering sandwiches.

COLIN : Best sandwiches in Britain.

He throws a sandwich on to someone's desk.

COLIN : Try my lovely nuts.

He hands her a girl a packet, beaming at her.

7. 낮. 카렌의 집. 내부
카렌, 7살짜리의 귀엽게 생긴 딸, 데이지와 하던 얘기를 다시 나눈다.

카 렌 : 그래서, 그 중대한 얘기란 게 뭐야?
데이지 : 예수 성탄극에서 배역이 정해졌는데 저는 바닷가재역이에요.
카 렌 : 바닷가재?
데이지 : 네.
카 렌 : 예수성탄극 중에서?
데이지 : 바닷가재 1이에요.
카 렌 : 예수 탄생일에 한 마리 이상의 바닷가재가 나왔었나?
데이지 : 그것도 몰라요?

8. 아침. 공정거래 사무실. 외부
콜린, 공정거래 사무실 밖에 트럭을 세운 후 차에서 내린다.

9. 아침. 공정거래 사무실. 내부
콜린은 아침마다 빵을 여러회사로 배달한다. 이 회사내에는 여러 자선 단체와 목욕용품 가게가 즐비하게 늘어서 있고 50명 정도의 인원이 일하고 있으며 무역과 관련된 포스터들이 여기저기 붙어 있다. 콜린, 돌아다니며 빵을 배달하고 있다.

콜 린 : 영국에서 가장 맛있는 샌드위치입니다.

누군가의 책상에 빵을 던져 놓는다.

콜 린 : 맛 좋은 땅콩 샌드위치를 드셔보세요.

싱글벙글 웃으며 한 여자에게 샌드위치를 건넨다.

- **in hand**
  1. 지배(제어)하여.
  2. 손에, 소유하고 있는, 자기 마음대로.
  3. (일 등이) 착수되어, 진행중인, 거래중인.
  여기에서는 3의 의미.
- **the Nativity play**
  예수 성탄극.
- **lobster**
  바닷가재.
- **van**
  밴, 수하물차, 소형 트럭.
- **charity**
  자선 단체, 양육원.
- **nut**
  견과.
- **packet**
  한 묶음.
  여기서는 하나의 포장된 샌드위치를 지칭함.
- **beaming**
  1. 밝게 빛나는, 환한.
  2. 웃음을 띤, 기쁨에 넘친.
  여기서는 2의 의미.

What's this big news?
중대한 얘기란 게 뭐야?
• big news
중대한 뉴스.

이것만은 꼭!

What's this big news?

중대한 얘기란 게 뭐야?

COLIN : Beautiful muffin for a beautiful lady.

Another uninterested girl gets a muffin she didn't ask for.

COLIN : Morning, my future wife.

He smiles at a beautiful girl, Mia, at one desk—no reaction. She gets up and goes to knock on the door behind her.

10. INT. FILM STUDIO. DAY

Cut to a couple having slightly weird sex—they're both dressed, and he appears to be taking her from behind. She is leaning forward against a pillar in a stylish, dramatically lit bedroom, probably in Venice.

D. O. P. : (VO) Okay. You can stop there, thanks....

The D. O. P. immediately slips into discussion with the director. The two stand-ins, start to chat.

JOHN : By the way... he introduced me as John, but actually everyone calls me Jack.

JUDY : O fine... nice to meet you, Jack. He got me right though, I'm just Judy.

JOHN : Great, just Judy.

11. INT. CHURCH. DAY

Cut to two men's faces. Well dressed up in wedding ties and coats.

PETER : No, surprises?

MARK : No, surprises.

콜 린　　: 아름다운 숙녀를 위한 이쁜 머핀입니다.

관심없어 하는 또 다른 여자가 주문하지도 않은 머핀을 받는다.

콜 린　　: 나의 미래의 아내, 좋은 아침입니다.

콜린, 또 다른 아름다운 여자, 미아에게 미소를 보내지만 아무런 반응이 없다. 미아, 자리에서 일어나 자기 뒤에 있는 사무실에 노크를 한다.

10. 낮. 영화 촬영소. 내부
베니스풍의 눈부시게 조명을 켠 방에는 한 남녀가 약간 이상한 모습으로 성교하는 모습을 찍고 있다. 둘 다 옷을 입은 채 여자는 기둥을 잡고 앞으로 굽히고 있고 남자는 그 뒤에서 성교하는 흉내를 내고 있다.

촬영 감독　　: (목소리만) 됐어요. 그만해도 돼요. 수고했어요.

촬영 감독, 회의를 위해 영화 감독에게 간다. 두 대역은 이야기를 시작한다.

존　　: 근데, 저 사람이 나를 존이라고 소개했지만 사실 모든 사람들은 저를 잭이라고 불러요.
주 디　　: 아, 그래요. 만나서 반가워요, 잭. 저에게는 제대로 소개했어요. 저는 그냥 주디예요.
존　　: 그렇군요, 주디.

11. 낮. 교회. 내부
결혼 예복을 차려 입은 두 남자의 얼굴이 보인다.

피 터　　: 깜짝 쇼 같은 건 없지?
마 크　　: 그런 거 없어.

- **weird**
  이상한, 기묘한.
- **lean forward**
  앞으로 굽히다.
- **pillar**
  기둥.
- **dramatically**
  인상적으로, 극적으로.
- **lit**
  밝은, 불을 켠.
- **stand-in**
  대역.

by the way
그런데, 여담이지만.
화두를 바꿀 때 사용한다.

이것만은 꼭!

by the way
그런데, 여담이지만.

They are best man and groom waiting at the end of an aisle. The church is sunny and full.

PETER : Not like the stag night?

MARK : Unlike the stag night.

PETER : Do you admit that the Brazilian prostitutes were a mistake?

MARK : I do.

PETER : And it would have been much better if they'd not turned out to be men?

MARK : That is true. Good luck, kiddo.

A manly roman handshake. Mark picks up his video and starts discreetly to film proceedings. Behind them the doors of the church open to let in a really lovely, optimistic girl, Juliet, in her wedding dress.

12. EXT. DOWNING STREET. DAY

There are a lot of people and press outside 10 Downing Street. Out of the car comes the new prime minister. He waves, huge cheer. In his forties. He's an attractive man. He enters, the door closes behind him.

13. INT. 10 DOWNING STREET. DAY

Suddenly silence and formality inside in comparison to the chaos outside.
There to greet him is his personal advisor, Annie, strong and intelligent looking.

ANNIE : Welcome, Prime Minister.

PM : I must work on my wave. How are you?

He kisses her hello.

ANNIE : How are you feeling?

PM : Cool. Powerful.

밝고 사람들로 가득 찬 교회 가운데 통로 끝에 신랑과 들러리가 서 있다.

피 터 : 총각파티 때처럼 그런 거 없지?
마 크 : 그런 거 없다니까.
피 터 : 브라질 매춘부는 실수였다는 거 인정하지?
마 크 : 인정해.
피 터 : 그리고 걔네들이 남자가 아니었다면 더 나았었다는 것도?
마 크 : 응. 행운을 빌어, 친구.

서로 악수를 하고 마크는 자기의 비디오를 들고 조심스럽게 찍기 시작한다. 그들 뒤의 교회 문이 열리자 신부 드레스를 입은 사랑스럽고 낙천적인 줄리엣이 등장한다.

12. 낮. 다우닝 가. 외부
다우닝 가 10번지에 수많은 기자와 사람들이 몰려 있다. 새로 선출된 수상이 차에서 내리면서 사람들에게 손을 흔들자 관중들 환호를 보낸다. 수상(40대의 매력남), 건물 안으로 들어가자 문이 닫힌다.

13. 낮. 다우닝 가 10번지. 내부
밖의 무질서한 분위기에 비해 건물 안에는 고요함과 엄숙함이 흐른다. 강하고 지적인 이미지의 수상의 비서, 애니가 나와 그를 반긴다.

애 니 : 환영합니다, 수상 각하.
수 상 : 손 흔드는 것 좀 연습해야겠는 걸. 안녕하세요?

수상이 인사의 키스를 한다.

애 니 : 기분이 어떠세요?
수 상 : 좋아요. 힘도 넘치고.

- **best man**
  신랑 들러리.
- **aisle**
  통로, 복도.
- **stag night**
  총각 파티.
- **prostitute**
  창녀, 매춘부.
- **turn out**
  결국 ~임이 드러나다. 폭로하다.
- **discreetly**
  신중하게, 조심스럽게.
- **optimistic**
  낙천적인, 낙천주의의.
- **formality**
  딱딱함, 정숙함.
- **in comparison to ~**
  ~와 비교하여.
- **chaos**
  혼돈, 무질서.

Good luck, kiddo.
행운을 빌어, 친구.
• kiddo
(친한 사이의 호칭어로서) 자네, 어이, 이봐.

이것만은 꼭!

Good luck, kiddo.

행운을 빌어, 친구.

ANNIE : Would you like to meet the household staff?

PM : Yes, I would like that very much indeed. Anything to put off actually running the country.

He heads with her towards a line of employees.

ANNIE : This is Terence. He's in charge.

TERENCE : Good morning, sir.

PM : Good morning. I had an uncle called Terence once. Hated him, I think he was a pervert. But I very much like the look of you.

ANNIE : This is Pat.

PM : Hello, Pat.

PAT : Good morning, sir. I'm the housekeeper.

PM : Oh, right. Should be a lot easier with me than with the last lot. No nappies, no teenagers, no scary wife.

ANNIE : And this is Natalie. She's new, like you.

PM : Hello, Natalie.

NATALIE : Hello, David. I mean, "sir". Shit, I can't believe I've just said that. And I've gone and said "shit". Twice. I'm so sorry, sir.

PM : That's fine. Fine. You could've said "fuck" and we'd have been in real trouble.

NATALIE : Thank you, sir. I did have an awful premonition I was gonna fuck up on my first day. Oh, piss it.

He laughs. She blushes hugely.

애 니 : 수상관저 직원들을 만나 보시겠습니까?
수 상 : 그거 좋겠네요. 국가 운영에 대한 것을 잠시라도 떠나 있게 할 수 있는 거라면.

수상, 그녀와 부원들이 줄 서 있는 곳으로 간다.

애 니 : 이쪽은 테런스라고 합니다. 책임자예요.
터랜스 : 좋은 아침입니다, 각하.
수 상 : 좋은 아침입니다. 저한테 테런스라는 삼촌이 있었는데 제가 좀 싫어했었죠. 변태였던 것 같아요. 하지만 당신 아주 맘에 드네요.
애 니 : 이쪽은 패트입니다.
수 상 : 안녕하세요, 패트.
패 트 : 좋은 아침입니다, 각하. 저는 가정부입니다.
수 상 : 아, 그렇군요. 전임자보다는 내가 훨씬 쉽겠죠? 기저귀도 없고, 십대도 없고 무서운 아내도 없으니까요.
애 니 : 이쪽은 나탈리예요. 이 사람도 각하처럼 새로 왔어요.
수 상 : 안녕하세요, 나탈리.
나탈리 : 안녕하세요, 데이비드. 제 말은 '각하'. 제기랄, 내가 뭐라고 한 거야. 제기랄. 두 번씩이나. 죄송합니다, 각하.
수 상 : 괜찮아요. 염병할이라고도 할 수 있었는데요. 그랬다면 진짜 문제가 됐겠지만.
나탈리 : 고맙습니다, 각하. 첫 출근을 망칠거라는 안 좋은 예감을 했었어요. 엉망이네.

수상, 웃는다. 나탈리, 얼굴이 빨개진다.

- **put off**
  연기하다, 미루다.
- **pervert**
  변질자, 성도착자.
- **housekeeper**
  가정부.
  - housewife
    주부.
- **lot**
  놈, 녀석.
- **nappy**
  기저귀.
- **awful**
  지독한, 안 좋은.
- **premonition**
  예고, 징후, 예감.
- **blush**
  (얼굴이) 빨개지다, 부끄러워하다.

He's in charge.
이 사람이 책임자예요.
- charge
  책임, 의무, 관리.

이것만은 꼭!

He's in charge.

이 사람이 책임자예요.

ANNIE : Right. I'll go get my things, and then let's fix the country, shall we?

PM : Yeah, I can't see why not.

As he walks away, he just casually looks back on Natalie over his shoulder.

PAT : It's all right.

NATALIE : Did you see what I did?

PAT : Yes, I did.

NATALIE : I just went blah.

PM walks toward his office with Annie.

PM : (to people) Hello, there.

ANNIE : I'm right over here.

PM : Yeah, I'm in here. OK. Good. Thank you. Ah.

14. INT. PM'S OFFICE. 10 DOWNING STREET. DAY

PM enters and closes the door behind him.

PM : Oh, no. That is so inconvenient.

15. INT. CHURCH. DAY

VICAR : In the presence of God, Peter and Juliet have given their consent and made their marriage vows to each other. They've declared their marriage by the giving and receiving of rings. I therefore proclaim that they are husband and wife.

애 니 : 저는 가서 제 짐을 가지고 오겠습니다. 그리고 일을 시작해 볼까요?

수 상 : 예, 그럽시다.

수상, 걸어가면서 고개를 돌려 나탈리를 다시 한 번 쳐다본다.

패 트 : 괜찮아.

나탈리 : 제가 뭘 했는지 보셨죠?

패 트 : 응, 그래.

나탈리 : 제가 허튼소리를 했어요.

수상, 애니와 함께 그의 집무실로 간다.

수 상 : (사람들에게) 안녕하십니까?

애 니 : 제 방은 여기예요.

수 상 : 난 저기군. 그래요, 고마워요.

14. 낮. 다우닝 가 10번지. 내부. 수상의 집무실

수상, 집무실로 들어가 문을 닫는다.

수 상 : 오 이런. 너무 불편하군.

15. 낮. 교회. 내부

성직자 : 하나님 앞에서 피터와 줄리엣은 서로에게 결혼 약속을 하였습니다. 반지를 주고받음으로 두 사람의 결혼을 선포하겠습니다. 자, 이제 두 사람을 남편과 아내로 선포합니다.

- **blah**
  허튼소리를 하는, 바보스러운.
- **inconvenient**
  불편한, 형편이 마땅하지 않은.
- **consent**
  동의, 승낙, (의견 · 감정의) 일치.
- **marriage vows**
  결혼 서약.
- **proclaim**
  선언하다, 선포하다.

I can't see why not.
그럽시다./안 될 이유 없죠.
두 번의 부정은 강한 긍정을 의미한다.
• why not
'왜 안 돼요?' 또는 '안 될 것 없지'라는 의미로 쓰임.

이것만은 꼭!

I can't see why not.

그럽시다./안 될 이유 없죠.

Peter and Juliet kiss and the congregation, including Jamie and Sarah, a sweet, American woman in her thirties, erupt into applause. Peter turns.

PETER : And you resisted the temptation for surprises?

MARK : Yes. I'm mature now.

When bride and groom turn and head down the aisle, the organ strikes up a traditional church exit song. Then it suddenly stops. Peter and Juliet look a bit surprised.
As the music changes, a curtain that has been hiding the contents of the balcony drops. A twenty strong choir appears and begins to sing.

Love, love, love
Love, love, love
Love, love, love, love
Love, love, love, love

The bride, Juliet, is radiant—adoring it....

JULIET : Did you do this?

PETER : Er... no.

Peter looks at best man, Mark. Mark shrugs his shoulder, pretending he had absolutely no idea this was going to happen. Then beside the organ upstairs emerges a fabulous looking singer begins to sing "All you need is love."

There's nothing you can do that can't be done
There's nothing you can sing that can't be sung
There's nothing you can say but you can learn how to play the game
It's easy

피터와 줄리엣이 키스하자 제이미와 사라(30대의 어여쁜 미국여성)를 비롯한 하객들 우레와 같은 박수를 친다. 피터, 뒤로 돈다.

피 터 : 깜짝 쇼에 대한 유혹을 떨쳐냈네?
마 크 : 응, 이제 철들었거든.

신랑과 신부, 뒤돌아서 걸어나오자 전통적인 교회의 축혼 행진곡이 연주된다. 그때 갑자기 연주가 멈춘다. 피터와 줄리엣, 놀란다.
음악이 바뀌고 뒤쪽 발코니 안을 가리고 있던 커튼이 걷히자 20명의 건장한 합창단이 나타나 노래를 부르기 시작한다.

사랑, 사랑, 사랑
사랑, 사랑, 사랑
사랑, 사랑, 사랑, 사랑
사랑, 사랑, 사랑, 사랑

줄리엣, 환하게 웃으며 좋아한다.

줄리엣 : 당신이 준비한 거야?
피 터 : 어, 아니.

피터, 마크를 쳐다보자 마크는 자기도 모르는 일이라는 듯 어깨를 으쓱한다. 다음으로 오르간 옆 위층에서 멋있는 가수가 나와 '당신에게 필요한 것은 오직 사랑뿐이에요'를 부른다.

불가능한 일은 당신이 할 수 없어요
부를 수 없는 노래는 당신이 부를 수 없어요
당신이 할 수 있는 말은 없지만
사랑하는 걸 배울 수는 있어요
쉽거든요

- **congregation**
  회중, 집회.
- **erupt into applause**
  우레와 같은 박수를 치다, 박수갈채가 쏟아지다.
- **resist**
  저항하다, 방해하다, 무시하다, 거스르다.
- **radiant**
  밝은, 즐거운 듯한.
- **adore**
  아주 좋아하다, 열애하다.
- **shrug**
  어깨를 으쓱하다.
- **fabulous**
  환상적인, 전설적인, 믿어지지 않는.

I'm mature now.
이제 철들었거든.
• mature
성숙한, 분별 있는, 심사숙고한.

이것만은 꼭!

I'm mature now.

이제 철들었거든.

New instrumentalists (3 trumpets, 2 flutes, 3 trombones and 2 saxophones) who suddenly stand up from the pews where they've been hiding their instruments till now are joined the chorus.

All you need is love
All you need is love
All you need is love

Then as the chorus ends, an electronic guitarist is suddenly in the pulpit, playing magnificently.

16. INT. JAMIE'S HOUSE. DAY
Jamie speeds through the door into livingroom. At that moment another slightly younger man enters the room from the kitchen.

JAMIE : Hello. What the hell are you doing here?

CHRIS : O, I just popped over to borrow some old CDs.

JAMIE : The lady of the house let you in, did she?

CHRIS : Yeah.

JAMIE : Lovely, obliging girl.

CHRIS : Yeah.

JAMIE : I just thought I'd pop back before the reception, see if she was better. This is good. Listen, I've been thinking. I think perhaps we ought to take mom out for her birthday on Friday, what do you think? I just feel we've been bad sons this year.

CHRIS : Okay, sounds fine. A bit, you know, boring, but fine.

KATYA : (VO) Hurry up, big boy! I'm naked and I want you have sex at least twice before Jamie gets home.

Jamie looks at Chris.... Chris looks at Jamie.

자리에 숨어 있던 3명의 트럼펫과 2명의 플루트, 3명의 트럼본, 2명의 색소폰이 갑자기 일어나 코러스와 함께 연주를 한다.

> 당신에게 필요한 것은 오직 사랑뿐이에요
> 당신에게 필요한 것은 오직 사랑뿐이에요
> 당신에게 필요한 것은 오직 사랑뿐이에요

합창이 끝나자 전기 기타 연주자가 갑자기 강단에 나타나 멋진 연주를 한다.

16. 낮. 제이미의 집. 내부

제이미, 서둘러 거실로 들어선다. 그때, 제이미보다 조금 더 젊어 보이는 남자가 부엌에서 거실로 나오고 있다.

제이미 : 어, 네가 여기 웬일이야?

크리스 : 응, 그냥 옛날 노래 좀 빌리려고 잠깐 들른 거야.

제이미 : 카티야가 들여보냈구나?

크리스 : 응.

제이미 : 친절하기도 하지. 피로연 가기 전에 카티야가 좀 나아졌는지 보려고 잠시 들렀어. 이 노래가 좋겠다. 참, 이번 금요일 엄마 생신에 모시고 나가서 같이 외식했으면 하는데 어때? 올해는 우리가 불효자였던 것 같애.

크리스 : 그거… 좋지. 좀 고루하긴 하지만 그렇게 하자.

카티야 : (목소리만) 빨리 와, 느림보야. 나 벌거벗었단 말이야. 제이미 오기 전에 두 번은 더 하고 싶어.

제이미와 크리스, 서로 쳐다본다.

- **instrumentalist**
  기악가.
- **pew**
  (교회의) 신도 좌석.
- **pulpit**
  설교단.
- **speed through**
  급히 통과하다.
- **the lady of the house**
  집 주인.
  여기서는 카티야를 의미함.
- **obliging**
  친절한, 잘 돌보아 주는.
- **pop back**
  잠시 들르다, 급히 돌아오다.
- **reception**
  결혼 피로연.
- **hurry up**
  서둘러.
  - hurry back
    급히 되돌아오다.
  - hurry over
    ~을 허둥지둥 끝마치다.

I just popped over to borrow some old CDs.
그냥 옛날 노래 좀 빌리려고 잠깐 들른 거야.
- pop over
  잠시 들르다.

이것만은 꼭!

I just popped over to borrow some old CDs.

그냥 옛날 노래 좀 빌리려고 잠깐 들른거야.

17. INT. RECEPTION HALL. DAY

It's the riverside reception of the wedding. The bride and groom are in the highest spirits. Mark, is still filming. Colin—waiter here—approaches him.

COLIN : Delicious delicacy?

MARK : Er, no, thanks.

Colin heads on to Sarah, who is talking on her mobile.

COLIN : Taste explosion?

She just shakes her head. Colin heads off discouraged but then sees a waman he likes the look of by the window.

COLIN : Food?

NANCY : No, thanks.

COLIN : Yeah, bit dodgy, isn't it? Looks like a dead baby's finger. Oooh. Oh. Tastes like it, too. I'm Colin, by the way.

NANCY : I'm Nancy.

COLIN : Wicked. What do you do, Nancy?

NANCY : I'm a cook.

COLIN : Ever do weddings?

NANCY : Yes, I do.

COLIN : They should've asked you to do this one.

NANCY : They did.

COLIN : God, I wish you hadn't turned it down.

NANCY : I didn't.

COLIN : Right.

17. 낮. 피로연. 내부

강가에 마련된 피로연이다. 신랑과 신부 모두 최고의 기분이다. 마크, 계속해서 비디오를 찍고 있다. 여기서 웨이터로 일하고 있는 콜린, 마크에게 다가간다.

콜 린　: 진미 요리 좀 드시겠습니까?

마 크　: 아뇨, 됐습니다.

콜린, 통화 중인 사라에게 다가간다.

콜 린　: 한 번 맛 보시겠습니까?

콜린, 사라가 고개를 젓자 조금 실망한 듯 걸어가다가 자기가 좋아하는 타입의 여자가 창문 옆에 서 있는 것을 보고 다가간다.

콜 린　: 드시겠습니까?

낸 시　: 괜찮습니다.

콜 린　: 좀 징그럽죠? 죽은 아기의 손가락 같아요. 아유, 맛도 그렇네요. 참, 제 이름은 콜린이에요.

낸 시　: 전 낸시예요.

콜 린　: 반가워요. 뭐하시는 분이세요?

낸 시　: 요리사예요.

콜 린　: 피로연 음식도 하세요?

낸 시　: 네, 해요.

콜 린　: 당신한테 이 피로연 음식을 의뢰했으면 좋았을 걸 그랬어요.

낸 시　: 저한테 의뢰했어요.

콜 린　: 아, 그래요. 거절 안 하셨길 바랍니다.

낸 시　: 거절 안 했어요.

콜 린　: 그렇군요.

- **in the highest spirits**
  기분이 아주 좋아서.
- **delicacy**
  맛있는 음식, 고상함, 섬세, 미묘함.
- **Taste explosion?**
  드시겠습니까?
  여기서 explosion은 피로연 음식을 살짝 비꼬아 한 말임.
- **dodgy**
  〈영〉 교활한.
- **What do you do?**
  직업이 뭐예요, 뭐하시는 분이세요?
- **turn down**
  거절하다.

They should have asked you to do this one.
당신한테 이 피로연 음식을 의뢰했으면 좋았을 걸 그랬어요.
- should have p.p.
  (~했어야 했는데…) 과거 일에 대한 유감 또는 후회를 표현함.
- I should have finished the homework yesterday.
  어제 숙제를 다 했어야 했는데.

이것만은 꼭!

They should have asked you to do this one.

당신한테 이 피로연 음식을 의뢰했으면 좋았을 걸 그랬어요.

I feel it in my fingers. I feel it in my toes. Christmas is all around me....
And so the feeling grows. It's written in the wind. It's everywhere I go.
So if you really love Christmas, come on and let it snow....

There's nothing you can do that can't be done
There's nothing you can sing that can't be sung
There's nothing you can say but you can learn how to play the game
It's easy
All you need is love
All you need is love
All you need is love, love
Love is all you need

When she first mentioned what's about to happen,
I said, "Over my dead body."
And she said, "No, Daniel, over mine."
And, as usual, my darling girl,
and Sam's darling mum was right.
So she's going to say her final farewell to you
not through me... but inevitably,
ever so coolly,
through the immortal genius of the Bay City Rollers....

Bye bye baby, baby good-bye,

Good-bye, baby, baby, bye bye,

Bye bye baby, don't make me cry,

Good-bye, baby, baby, bye bye...

You're the one girl in town I'd marry

Girl, I'd marry you now if I were free

I wish it could be

18. INT. RECEPTION KITCHEN TENT. DAY

Colin walks in with canape tray, and sits down next to a friend, Tony.

COLIN : I've just worked out why I can't find true love.

TONY : Why's that?

COLIN : English girls. They're stuck up, you see. And I am primarily attractive to girls who are, you know, cooler, game for a laugh. Like American girls. So I should just go to America! I'd get a girlfriend there instantly. What do you think?

TONY : I think it's crap, Colin.

COLIN : No, that's where you're wrong. American girls would seriously dig me with my cute British accent.

TONY : You don't have a cute British accent.

COLIN : Yes, I do! I'm going to America.

TONY : Colin, you're a lonely, ugly arsehole, and you must accept it.

COLIN : Never. I am Colin, God of sex. I'm just on the wrong continent, that's all.

19. INT. FILM STUDIO. DAY

JOHN : I thought I would never make it in today. The traffic was just....

JUDY : Oh, unbelievable.

18. 낮. 피로연 부엌. 내부
콜린, 음식 쟁반을 들고 부엌으로 들어와서 친구 토니 옆에 앉는다.

콜 린 : 내가 왜 진정한 사랑을 못 찾는지 알았어.

토 니 : 왜 못 찾는 건데?

콜 린 : 영국 여자들이 문제야. 영국 여자들은 거만해. 너도 알다시피 나는 근본적으로 멋있고 즐길 줄 아는 그런 여자들한테서 매력을 느낀다구. 미국 여자들처럼 말이야. 그러니까 나는 미국에 가야 돼. 거기 가면 여자친구를 금방 만날 수 있을 거야. 어떻게 생각해?

토 니 : 실없는 소리야.

콜 린 : 너는 바로 그게 잘못된 거야. 미국 여자들은 내 이 귀여운 영국식 발음에 진짜로 반할 거라구.

토 니 : 네 발음이 무슨 귀여운 영국식 발음이야.

콜 린 : 귀엽지, 난 미국으로 갈거야.

토 니 : 콜린, 너는 그냥 외롭고 못생긴 늑대일뿐이야. 사실을 인정해.

콜 린 : 결코 그럴 수 없지. 나는 콜린이야, 섹스의 신이라구. 난 지금 단지 잘못된 장소에 있어서 그런 거라구. 그뿐이야.

19. 낮. 촬영장. 내부

존 : 오늘 못 오는 줄 알았어요. 교통 체증이 얼마나…….

주 디 : 오, 세상에.

- **canape**
  카나페(작은 정어리, 치즈 따위를 얹은 크래커 또는 빵).
- **work out**
  (문제를) 풀다.
- **be stuck up**
  거드름피우다, 거만하다.
- **game for a laugh**
  즐길 줄 아는.
- **crap**
  허튼 소리, 거짓말, 허풍.
  • Cut the crap!
  허튼 소리 마라! 그만 둬!
- **dig**
  주목하다, 마음에 들다, 즐기다.
- **unbelievable**
  믿을 수 없는, 믿기 어려운.

That's all.
그것이 전부다. 그것뿐이다. 그것으로 끝이다.
ex) That's all for today.
오늘은 이것으로 끝이다.
ex) That's all I know.
내가 아는 것은 그것뿐이다.

이것만은 꼭!

That's all.

그것뿐이야.

The assistant director, Tony, comes up.

TONY : Judy, could you, ahm, take your top off this time? Lighting and camera need to know when we're actually going to see the nipples and when we're not.

JUDY : O yes, okay, right. (to John) at least it's nice and warm in here.

JOHN : Absoluetely. Isn't always the case. I was standing in for Brad Pitt once on "Seven Years in Tibet," bloody freezing....

TONY : Sorry, guys, time's pretty tight and we have to get actors in.

JUDY : Fine.

JOHN : I promise I won't look.

She laughs a bit, then takes her jumper and bra off. They start to mime the sex again. The cameraman stands very close, judging the light with his little machine.

TONY : And Jerry says, if you could just put your hands on her breasts....

JOHN : O, right, okay. (to Judy) Is that alright?

JUDY : Yes, yeah... fine.

JOHN : I'll warm them up. (rubbing hands together as Judy laughs politely, before he cups her breasts)

TONY : And massage them, please.

조감독인 토니가 다가온다.

토 니 : 주디, 이번에는 윗도리 좀 어, 버, 벗어줄래요? 조명과 카메라가 언제 젖꼭지가 보이고 안 보이는지를 알아야 하거든요.

주 디 : 어, 그래요. 네, 알겠어요. (존에게) 그래도 스튜디오가 따뜻해서 다행이에요.

존 : 글쎄 말이에요, 항상 이렇진 않은데. '티벳에서의 7년' 이라는 영화에서 브레드 피트 대역을 맡은 적이 있는데 그땐, 정말 얼어 죽는 줄 알았어요.

토 니 : 미안합니다. 시간이 얼마 없어요, 이제 연기자들을 들어오게 해야 돼요.

주 디 : 알았어요.

존 : 보지 않겠다고 약속할게요.

주디, 살짝 웃은 다음, 점퍼와 브라를 벗는다. 다시 사랑을 나누는 장면을 연기한다. 촬영 기사, 가까이 다가가 기계로 빛을 측정한다.

토 니 : 감독님이 손으로 주디 가슴을 좀…….

존 : 아… 알겠어요. (주디에게) 괜찮겠어요?

주 디 : 네, 괜찮아요.

존 : 손을 먼저 좀 따뜻하게 할게요. (주디의 가슴에 손을 대기 전 두 손을 비비는 것을 보고 주디가 살짝 웃는다.)

토 니 : 그리고 애무를 좀 하세요.

- **top**
  윗도리.
- **off**
  분리하여.
- **absoluetely**
  물론이죠.
- **(It was) bloody freezing.**
  얼어 죽는 줄 알았어요.
  bloody는 영국 영어 표현 중의 하나로 '지독한, 엄청난, 지루한' 등의 의미로 쓰인다.
- **mime**
  무언의 몸짓으로 나타내다, 흉내내다.

Isn't always the case.
항상 이렇진 않아요.
문장 앞에 It이 생략됨.
- case
  실정, 진상, 사실.
- That is not the case.
  실은 그렇지 않다.

이것만은 꼭!

Isn't always the case.

항상 이렇진 않아요.

JOHN : Right.... It's junction 13 that's just murder, isn't it... total gridlock this morning.

20. INT. CHURCH. DAY

Cut to a funeral, Daniel faces congregation, which includes his eleven-year-old step-son, Sam. Behind him a simple slide-projector screen shows a portrait of his wife.

DANIEL : Jo and I had a lot of time to prepare for this moment. Some of her requests, for instance, that I should bring Claudia Schiffer as my date to the funeral, I was confident she expected me to ignore. But others she was pretty damn clear about. When she first mentioned what's about to happen, I said, "Over my dead body." And she said, "No, Daniel, over mine." And as usual, my darling girl, and Sam's darling mum was right. So she's going to say her final farewell to you not through me... but inevitably, ever so coolly, through the immortal genius of the Bay City Rollers....

Through the speakers wham the Bay City Rollers: the projector screen shows more shots of Jo, including and utterly gleeful 12 year old girl.

Bye bye baby, baby good-bye,
Good-bye, baby, baby, bye bye,
Bye bye baby, don't make me cry,

존 : 네. 13번 교차로는 교통체증이 너무 심해요. 오늘 아침도 차들이 꼼짝을 안하더라구요.

20. 낮. 교회. 내부

교회에서 장례식이 치뤄지고 있다. 다니엘은 11살 짜리 의붓아들인 샘과 청중들을 마주보고 서 있다. 그 뒤에는 영사기로 그의 아내 모습이 나오고 있다.

다니엘 : 조와 저는 이 순간을 준비하기 위해 많은 시간을 보냈습니다. 말씀드리자면, 그녀의 요구사항 중 하나는 클로디아 쉬퍼를 제 데이트 상대로 장례식에 데려오는 것이었어요. 제 아내는 분명 제가 그것을 무시해 버릴거라고 생각했을 거예요. 하지만, 다른 요구사항들은 분명했어요. 처음으로 제 아내가 곧 일어날 일에 대해 얘기했을 때 저는 "내가 죽으면."이라고 했고 제 아내는 "아니요, 여보 제가 죽으면요."라고 하더군요. 항상 그렇듯이, 저의 사랑스런 아내이자 샘의 사랑스런 엄마의 말이 맞았습니다. 제 아내는 저를 통한 마지막 작별인사가 아니라 아주 멋있고 영원한 밴드 베이 시티 롤러를 통해 여러분께 작별인사를 고합니다.

스피커를 통해 베이 시티 롤러의 노래가 울려퍼진다. 12살 때 아주 기뻐하는 조의 모습 등 그녀의 사진이 영상으로 보여진다.

잘 가요 내 사랑. 안녕, 내 사랑
잘 가요 내 사랑, 내 사랑, 잘 가요
잘 가요 내 사랑, 날 울리지 말아요

- **that's just murder**
  너무 심해요.
  - murder
    매우 위험한〔어려운, 불쾌한〕 일〔상황〕.
- **gridlock**
  자동차 교통망의 정체.
- **step-son**
  의붓아들.
- **for instance**
  말씀 드리자면, 예를 들자면.
- **mum**
  〈영〉 엄마.
  미국 영어에서는 mom(엄마)이라고 한다.
- **inevitably**
  아무래도, 반드시, 확실히.
- **immortal**
  불멸의, 영원한.
- **utterly**
  아주, 완전히.
- **gleeful**
  기뻐하는, 즐거운.

As usual.
항상 그렇듯이, 여느 때처럼.
- usual
  평소의, 평범한, 흔히 있는.

이것만은 꼭!

As usual.

항상 그렇듯이, 여느 때처럼.

Good-bye, baby, baby, bye bye...

You're the one girl in town I'd marry

Girl, I'd marry you now if I were free

I wish it could be

The congregation which includes Karen and Sam's grandparents are torn between smiles at the song and the real sadness of it all. Four men including Daniel gather and lift the coffin.

21. INT. RECEPTION HALL. NIGHT

Cut to the newlyweds dancing to "Bye Bye Baby". Sarah comes and sits next to Mark. She looks at him curiously then gently asks him.

SARAH : Do you love him?

MARK : What?

SARAH : No, I just thought I'd ask blunt question, in case it was the right one and you needed someone to talk to about it and no one had ever asked you. So you'd never been able to talk about it even though you might have wanted to....

MARK : No. No. No is the answer. Absolutely not.

SARAH : So, that's a "no" then.

MARK : Yes. Ahm... this DJ... what you reckon? The worst in history?

SARAH : Probably. I think it all hangs on the next song.

Cut to DJ.

잘 가요 내 사랑, 내 사랑 잘 가요

당신이 바로 이 마을에서 내가 결혼하고 싶은 여자예요

내가 지금 자유롭다면 당신과 결혼하고 싶어요

그럴 수 있었으면 좋겠어요

카렌과 샘의 할아버지, 할머니, 청중들 영상을 보며 미소를 짓다가는 슬픔에 잠긴다. 다니엘과 또 다른 3명의 남자가 관을 들고 나간다.

21. 밤. 피로연. 내부

'잘 가요 내사랑' 음악에 맞춰 신혼 부부가 춤을 추고 있다. 사라가 마크 옆으로 다가와 앉는다. 호기심 어린 눈으로 마크를 바라보다가 조심스럽게 묻는다.

사 라 : 피터 사랑해?

마 크 : 뭐라고?

사 라 : 아니 그냥, 단도직입적으로 물어보는 게 나을 것 같아서. 네가 그 사람을 사랑하고 있는 게 사실인데 아무도 물어보는 사람도 없고 너 역시 얘기할 사람이 없어서 하고 싶어도 얘기를 못할 수도 있고…….

마 크 : 아니, 아니야, 정말 아니야.

사 라 : 그래, 아니면 말고.

마 크 : 그래 아니야. 근데, 어, 네 생각엔 이 디제이 어때? 지금까지 가장 형편없는 디제이 같지 않아?

사 라 : 아마도. 다음 노래가 뭐냐에 판가름이 나겠지.

디제이의 모습이 보인다.

- **coffin**
  관.
- **newlyweds**
  신혼 부부.
  - newlywed
    갓 결혼한 사람.
- **blunt question**
  직설적인 질문, 단도직입적인 질문.
- **Absolutely not.**
  정말 아니야.
- **reckon**
  판단하다, 평가하다, 간주하다.
- **hang on**
  ~ 에 따라 결정되다.

Karen and Sam's grandparents are torn between smiles at the song and the real sadness of it all.

카렌과 샘의 할아버지, 할머니는 영상을 보며 미소를 짓다가는 슬픔에 잠긴다.

- be torn between
  (상반되는 양자) 사이에서 갈팡질팡하다.

이것만은 꼭!

Karen and Sam's grandparents are torn between smiles at the song and the real sadness of it all.

카렌과 샘의 할아버지, 할머니는 영상을 보며 미소를 짓다가는 슬픔에 잠긴다.

DJ : Now here's one for the lovers. That's quite a few of you, I shouldn't be surprised and a half.

A deeply questionable song starts to play. The DJ is utterly absorbed in the moment.

MARK : He's done it. It's official.

SARAH : Worst DJ in the world.

디제이 : 자, 사랑하는 연인들을 위한 노래입니다. 여러분들 중에 몇 안 되겠지만 크게 놀랄 일도 아니죠.

이상한 노래가 나온다. 디제이, 음악에 심취해 있다.

마 크 : 또 저러네. 이젠 공식화됐어.
사 라 : 세상에서 제일 형편없는 디제이.

- **be surprised and a half**
  매우 놀라다.
  = be super surprised
- **questionable**
  이상한, 문제가 되는.
- **absorbed in**
  열중한, 여념 없는.
- **official**
  공인된, 공식의.

Movie Talk

영국에서의 장례식과 결혼식

Weddings and Funerals in England

이 영화에서처럼, 영국에서의 장례식과 결혼식은 대개 교회에서 행해진다. 영국 교회에서의 장례식은 소수의 가족이 참여하여 간단하고 조용하게 치루어지는데, 장례식의 보편적인 형식으로는 교회 예배 형식으로 간단한 기도와 설교, 찬송가 등으로 이루어진다. 영국에는 각 행정 지역마다 크고 작은 교회들이 있는데, 죽은 사람이나 그의 가족들이 교회에 다니는 사람이 아닐지라도 그들이 교회에서 장례식을 하기 원하면 그들이 살고 있는 교구 교회에서 할 수 있다. 교회 마당에 무덤을 만들 수 있으며 이때, 교구 세무계원이 그들을 위해 무덤에 대한 기념비에 관해 조언을 해준다. 요즈음 영국의 대부분의 지역에서는 공동 묘지에서 간단한 교회 예배 형식의 장례식이 거행된다.

영국에서의 결혼식은 보통 신랑과 신부의 고향이 아닌 현재 살고 있는 지역의 교회나 또는 그 지역에서 정해 놓은 장소, 예를 들자면 호텔이나 시골의 저택에서 행하여진다. 교회에서 결혼을 하기 원하는 사람들은 교회의 목사님에게 미리 신고를 하게 되며 결혼 등록은 목사님에 의해 될 수 있다. 교회가 아닌 다른 곳에서 결혼을 하려는 사람들은 신랑 또는 신부가 사는 지역에서 결혼 장소로 지정된 곳에서만 할 수 있다. 또한, 행정지역 사무실에 미리 신고를 하여야 하는데 신고를 하기 위해서는 그 지역에 적어도 7일 이상을 살았어야 한다. 그리고 신고한 지 21일이 지나야 결혼식을 올릴 수 있고 3개월을 넘겨서는 안 된다. 결혼식 당일에는 적어도 2명의 증인이 있어야 한다.

Weddings and funerals in England are usually held at church as shown in the movie. The funeral service at church can be very simple and quiet with only a few members of the family present. It can be the plain funeral service from the Prayer Book with the addition of hymns, and an address. Although a dead person and his family are not churchgoers, they all have a right to hold a funeral in their parish church. In many country parishes, the churchyard is still open for burials and the parish clergy are able to advise on suitable memorials. In most towns, burials now take place in the local cemetery and the funeral director can advise.

Weddings in England can be take place at parish church, a register office or other premises approved by the local authority for marriages (for example, hotel, stately home). If a groom and bride want to have a religious ceremony, they have to see the vicar of church where they want to get married in advance, and after the marriage, the vicar is to register for new married couple. If a groom and bride want to get married in other than church, ceremony may take place at a register office or other premises approved by the local authority for marriages. And they must have lived in a registration district in England for at least seven days immediately before giving notice at the register office. After giving notice you must wait a further twenty-one days before the marriage can take place. A notice of marriage is valid for three months only. On the day of the wedding you will need to bring with you at least two other people who are prepared to witness the marriage and sign the marriage register.

ost

All You Need Is Love

Sung by
Lynden David Hall

Love, love, love
Love, love, love
Love, love, love, love
Love, love, love, love

Nothing you can do can't be done
Nothing you can sing that can't be sung
Nothing you can say but you can learn how play the game
It's easy

Nothing you can make that can't be made
No one you can say that can't be say
Nothing you can do but you learn how did you all the time
It's easy

All you need is love
All you need is love
All you need is love love
Love is all you need

(Wedding Scene in the Movie)
All you need is love
All you need is love

All you need is love love
Love is all you need

Nothing you can know that isn't known
Nothing you can see that isn't shown

No way you can be that isn't way you meant to be
Easy

All you need is love
All you need is love
All you need is love, love
Love is all you need

All you need is love
All you need is love
All you need is love, love

Love is all you need
Love is all you need
Love is all you need
Love is all you need
Love is all you need
Love is all you need
.
.
.
.

LoveActually

Chapter 2

Agony of Being in Love

사랑의 아픔

Movie Talk

겨우살이 밑에서의 키스

Kissing under the mistletoe

Chapter 2

사랑의 아픔

Agony of Being in Love

시간 00:17:10 ~ 00:33:02

22. INT. HARRY'S OFFICE. MORING

Mia enters the office of Harry—in his mid forties, quite a serious man.

MIA : Sarah's waiting for you.

HARRY : O yes, of course. Great, good, good. How you doing, Mia? Settling in fine? Learning who to avoid?

MIA : Absolutely.

Sarah walks in as Mia leaves.

SARAH : Harry.

HARRY : Sarah, switch off your phone and tell me exactly how long it is that you've been working here?

SARAH : 2 years, 7 months, 3 days and I suppose, what, 2 hours.

22. 아침. 해리의 사무실. 내부

미아, 해리의 사무실로 들어온다. 해리는 40대 중반의 진지한 남자이다.

미 아 : 사라가 기다리고 있습니다.

해 리 : 아, 그래요, 그렇지… 미아씨는 어때요? 할만 해요? 잘 적응하고 있죠? 어떤 사람을 피해다녀야 한다든지…….

미 아 : 네, 물론입니다.

사라, 사무실로 들어오고 미아는 밖으로 나간다.

사 라 : 해리.

해 리 : 전화기부터 먼저 끄고 얘기하지. 당신이 여기서 일한지 정확히 얼마나 됐지?

사 라 : 2년 7개월 하고도 3일 그리고… 한 2시간 정도 쯤일 거예요.

- **settle in**
  자리를 잡고 안착하다.
- **avoid**
  피하다, 회피하다.
- **switch off**
  전원을 끄다.
- **I suppose ~.**
  ~일 거예요, ~이겠죠.

HARRY : And how long have you been in love with Karl, our enigmatic chief designer?

Sarah is taken aback—she thought this was a total secret.

SARAH : Ahm.... 2 years, 7 months, 3 days and, I suppose, an hour and 30 minutes.

HARRY : I thought as much.

SARAH : Do you think everybody knows?

HARRY : Yes.

SARAH : Do you think Karl knows?

HARRY : Yes.

SARAH : Oh, that is... that is bad news.

HARRY : I just thought that maybe the time had come to do something about it.

SARAH : Like what?

HARRY : Invite him out for a drink, then after 20 minutes casually drop into the conversation the fact that you'd like to marry him and have lots of sex and babies.

SARAH : You know that?

HARRY : Yes. And so does Karl. Think about it, for all our sakes. It's Christmas.

SARAH : Certainly. Excellent. Will do. Thanks, boss.

She opens the door to leave and a very good-looking guy walks in.

해 리 : 그리고 수수께끼의 디자인실장 칼은 언제부터 사랑하게 된 거야?

아무도 모르는 줄 알고 있다고 생각했던 사라는 깜짝 놀란다.

사 라 : 음……. 2년 7개월 하고도 3일 그리고 한 1시간 30분일 거예요.
해 리 : 그 정도될 거라고 생각했었어.
사 라 : 다른 사람들도 다 알까요?
해 리 : 그럴 거야.
사 라 : 칼도 알까요?
해 리 : 알 거야.
사 라 : 아, 그래요?
해 리 : 이젠 뭔가를 해야될 때가 온 것 같은데.
사 라 : 뭘 말이에요?
해 리 : 술 한 잔 하자고 하고 한 20분 정도 이런 저런 얘기하다가 자연스럽게 말을 꺼내는 거지. 결혼해서 잠도 같이 자고 아이도 많이 낳고 싶다고 말이야.
사 라 : 알고 있었어요?
해 리 : 응, 알고 있었어. 칼도 알고. 생각해 봐, 우리 모두를 위해서. 성탄절이잖아.
사 라 : 그렇죠. 그래요. 그러면 되겠네요. 고마워요, 사장님.

사라, 나가려고 문을 열자 잘생긴 남자 한 명이 안으로 들어온다.

- **enigmatic**
  수수께끼의, 불가사의한, 정체를 알 수 없는.
- **be taken aback**
  ~에 당황하다, 갈팡질팡하다.
- **as much**
  그 정도, 그만큼.
- **casually**
  우연히.
- **For all our sakes.**
  우리 모두를 위해서.
  - for goodness sake
    제발, 아무쪼록.

Will do.
그러면 되겠네요.
여기서 do는 '쓸모가 있다, 충분하다' 라는 의미로 쓰임.
ex) That will do.
그거면 되겠네요.

이것만은 꼭!

Will do.

그러면 되겠네요.

KARL : Hi, Sarah.

SARAH : (totally casually) Hi, Karl.

And she walks out.

23. INT. THE FAIR-TRADE OFFICE. MORNING
As soon as she's out of the office, her phone rings immediately. She answers.

SARAH : Babe, absolutely, fire away. (to Mia) Mia, Mia, could you turn that down? What is that?

The song "Christmas Is All Around" is played on the radio.

24. INT. RADIO STATION. DAY
A local radio station. "Christmas Is All Around" just coming to an end.

DJ 1 : That was the Christmas effort from the once great Billy Mack. O dear me, how are the mighty fallen. I can safely put my hand up my arse and say that's the worst record I've heard this century....

Looking through to the other side, the next disc jockey is frantically waving his arms and pointing at a copy of the schedule. The first DJ realizes his faux pas.

DJ 1 : Oh, and coincidently, I believe Billy will be a guest on my friend Mike's show in a few minutes' time. Welcome back, Bill.

25. INT. RADIO STATION. FOYER. DAY
Joe and Billy sitting there in the foyer, where the station's output is on. Not totally happy.

칼 : 안녕, 사라.

사 라 : (아무일 없다는 듯이) 안녕, 칼.

사라, 사무실을 나간다.

23. 아침. 공정거래 사무실. 내부
사라, 방을 나오자마자 전화벨이 울린다. 전화를 받는다.

사 라 : 물론, 괜찮아, 얘기해. (미아에게) 미아씨, 미아씨, 소리 좀 낮춰줄래요? 뭐예요, 그 노래는?

라디오에서 '성탄절은 어디에나 있어요'가 나오고 있다.

24. 낮. 라디오 방송실. 내부
라디오 방송실. '성탄절은 어디에나 있어요'가 끝나가고 있다.

디제이 1 : 방금 들으신 노래는 한때 유명했던 빌리 맥이 성탄절 기획으로 내놓은 앨범입니다. 그 유명했던 가수가 이렇게까지 되다니. 이 세대의 가장 형편없는 노래라고 자신있게 말할 수 있을 정도입니다.

옆을 보니 다음 순서의 디제이가 현란하게 손을 흔들며 일정표를 가리키고 있다. 방송중인 디제이 자신의 실수를 알아차린다.

디제이 1 : 우연히도 다음에 이어질 마이크 쇼의 초대손님으로 빌리가 오셨네요. 돌아오신 것을 환영합니다, 빌.

25. 낮. 라디오 방송실. 휴게실. 내부
조와 빌리, 방송 기계가 있는 방송실 바깥 홀에 불쾌한 모습으로 앉아 있다.

- **turn down**
  소리를 줄이다.
- **Christmas effort**
  성탄절 기획.
- **frantically**
  미친 듯이.
- **faux pas**
  무례, 잘못, 과실, 실책.
- **coincidently**
  동시에.
- **Welcome back.**
  돌아오신 것을 환영합니다.
- **foyer**
  〈영〉 휴게실.

Fire away.
얘기 해.
• fire away
(질문, 말 등을) 서슴없이 시작하다.

이것만은 꼭!

Fire away.

얘기 해.

26. INT. RADIO STATION STUDIO 2. DAY
Ten minutes later.

DJ 2 (MIKE) : So Billy, welcome back to the airwaves. New Christmas single, cover of "Love Is All Around".

BILLY : Except we've changed the word "love" to "Christmas".

DJ 2 : Yes. Is that an important message to you, Bill?

BILLY : Not really, Mike. Christmas is a time for people with someone they love in their lives.

MIKE : And that's not you?

BILLY : That's not me, Michael. When I was young and successful, I was greedy and foolish and now I'm left with no one, wrinkled and alone.

MIKE : Wow. Thanks for that, Bill.

BILLY : For what?

MIKE : Well, for actually giving a real answer to a question. It doesn't often happen here at Radio Watford, I can tell you.

BILLY : Ask me anything you like, I'll tell you the truth.

MIKE : The best shag you ever had?

BILLY : Britney Spears.

MIKE : Wow!

BILLY : No, only kidding. She was rubbish.

MIKE : Okay, here's one. How do you think the new record compares to your old, classic stuff?

26. 낮. 라디오 방송실 2. 내부
10분 후.

디제이 2 (마이크) : 빌리씨, '사랑은 어디에나 있어요' 라는 타이틀곡으로 크리스마스 새 앨범을 가지고 방송으로 돌아오셨는데요, 반갑습니다.

빌 리 : 사랑이란 말대신 성탄절로 바꿨죠.

마이크 : 아, 그렇죠. 바꾸신 것이 본인에게 특별한 의미가 있으신가요?

빌 리 : 그렇지 않아요. 성탄절은 자기가 사랑하는 사람들과 보내는 날이죠.

마이크 : 빌리씨는 그런 사람들과 다른가요?

빌 리 : 나는 아니에요. 내가 젊고 인기가 많았을 때에는 욕심도 많았고 어리석었죠. 근데 지금은 제 곁에 아무도 없어요. 주름살과 외로움뿐이죠.

마이크 : 와우, 그렇게 말해주시니 고맙네요.

빌 리 : 뭐가요?

마이크 : 질문에 솔직히 대답해 주셔서요. 여기 와트포드 라디오에서는 그렇게 솔직한 대답을 듣기가 쉽지 않거든요.

빌 리 : 뭐든지 궁금한 게 있으면 물어보세요. 사실 그대로 대답해드리죠.

마이크 : 가장 좋았던 잠자리 상대는?

빌 리 : 브리트니 스피어스.

마이크 : 와우!

빌 리 : 그냥, 농담이에요. 그 여자 쓰레기였어요.

마이크 : 어… 그럼 다음 질문. 예전에 내셨던 고전적인 앨범에 비해 이번 새로운 앨범에 대해서 어떻게 생각하세요?

- **airwaves**
  (라디오, 텔레비전의) 방송 전파.
- **greedy**
  욕심 많은, 탐욕스러운.
- **wrinkle**
  주름살, 잔주름.
- **shag**
  〈영〉 데이트 상대.
- **only kidding**
  그냥 농담이에요.
- **rubbish**
  쓰레기.

How do you think the new record compares to your old, classic stuff?
예전에 내셨던 고전적인 앨범에 비해 이번 새로운 앨범에 대해서 어떻게 생각하세요?
- compare to
  ~와 비교하여.
- stuff
  물건, 재료. 여기서는 '앨범'을 지칭함.

이것만은 꼭!

How do you think the new record compares to your old, classic stuff?

예전에 내셨던 고전적인 앨범에 비해 이번 새로운 앨범에 대해서 어떻게 생각하세요?

BILLY : Come on, Mikey, you know as well as I do the record's crap. But... wouldn't it be great if number one this Christmas wasn't some smug teenager but an old ex-heroin addict searching for a comeback at any price. Those young popsters, come Christmas day, they'll be stretched out naked with a cute bird balancing on their balls and I'll be stuck in some dingy flat with my manager Joe, ugliest man in the world, fucking miserable because our fucking gamble didn't pay off. So if you believe in Father Christmas, children like your Uncle Billy does, buy my festering turd of a record. And particularly enjoy the incredible crassness of the moment when we try to squeeze an extra syllable into the 4th line....

MIKE : I think you're referring to "If you really love Christmas...."

BILLY : Come on and let it snow. Ouch.

MIKE : So here it is one more time, the dark horse for this year's Christmas Number One, "Christmas Is All Around". Thank you, Billy. After this, the news. Is the new prime minister in trouble already?

Billy signals to Joe with a happy thumbs up.

27. INT. CABINET ROOM. 10 DOWNING STREET. DAY
All the cabinet are there, sitting round long table.

PM : OK. What's next?

빌 리 : 이봐요 마이키, 당신이나 나나 이 앨범이 형편없다는 거 다 알잖아요. 하지만… 이번 성탄절에는 잘나가는 십대 보다 헤로인 중독자였던 가수가 컴백하기 위해 어떤 대가도 치르겠다는 것이 1위를 하면 얼마나 좋을까. 팝을 하는 젊은이들! 걔네들이 크리스마스에 젊은 여자를 끼고 놀고 있을 때 나는 우중충한 아파트에서 세상에서 가장 못생긴 내 매니저 조와 우리가 새 앨범에 걸었던 도박이 잘 되질 않아서 죽을 상을 하고 있겠지. 만약 어린이 여러분이 이 빌리 아저씨처럼 산타할아버지를 믿는다면, 나의 이 별볼일 없는 판을 사세요. 그리고 박자를 맞추기 위해 억지로 맞춘 그 놀랍고도 형편없는 네 번째 마디를 즐기세요.

마이크 : "당신이 정말 성탄절을 좋아한다면"을 말씀하시는 거죠?

빌 리 : 눈이 내리길 바랍시다, 아이고.

마이크 : 이번 성탄절의 히트곡, 올해 다크호스의 '성탄절은 어디에나 있어요'를 다시 한 번 보내드리겠습니다. 고맙습니다, 빌리씨. 그리고 잠시 후에는 벌써 궁지에 몰린 새로운 수상에 대한 뉴스를 전해드리겠습니다.

빌리, 만족스럽다는 듯이 양쪽 엄지 손가락을 들어 조에게 보인다.

27. 낮. 다우닝 가 10번지. 각료 회의실. 내부
모든 각료들이 회의 탁자에 앉아 있다.

수 상 : 이제, 다음은 뭐죠?

- **smug**
  독선적인, 잘난 체하는, 산뜻한.
- **dingy**
  낡은, 우중충한, 거무죽죽한.
- **flat**
  〈영〉 아파트.
- **pay off**
  이익을 가져오다, 성과를 거두다.
- **Father Christmas**
  〈영〉 산타클로스.
  〈미〉 Santa Claus
- **festering**
  별 볼일 없는, 부패한.
- **turd**
  쓰레기, 비천한 것.
- **incredible**
  놀라운, (믿기 어려울 만큼) 훌륭한, 대단한, 굉장한.
- **crassness**
  형편 없는 것.
- **be in trouble**
  곤란한 처지에 있다.

at any price
어떤 대가라도.
- above price
  (값을 매길 수 없을 만큼) 비싼, 귀중한.
- at a price
  비교적 비싼 값으로.

이것만은 꼭!

at any price

어떤 대가라도.

CARTER : The President's visit.

PM : Ah, yes, yes. I fear this is going to be a difficult one to play. Alex?

ALEX : There is a very strong feeling in the party we mustn't allow ourselves to be bullied from pillar to post like the last government.

CABINET : Here, here.

JEREMY : This is our first really important test. Let's take a stand.

PM : Right, right. I understand that but I have decided... not to. Not this time. We will of course try to be clever, but let's not forget that America is the most powerful country in the world. I'm not going to act like a petulant child. Who do you have to screw around here to get a cup of tea and a chocolate biscuit?

A which moment Natalie enters with refreshments. She looks up and smiles.

PM : (abashed) Right.

28. INT. PM'S OFFICE. 10 DOWNING STREET. DAY

A knock on the door.

PM : Yup, come in.

It is Natalie, carrying some files and a tray.

카 터　: 미국 대통령의 방문일정이 있습니다.

수 상　: 아, 그렇지. 이건 좀 골치 아프겠는 걸, 알렉스?

알렉스　: 이번 정당에서는 지난 번 정부처럼 미국이 하자는대로 끌려다니지는 말아야 한다는 의견이 강합니다.

내 각　: 자, 자.

제래미　: 제일 처음 맞는 중요한 일인만큼 우리의 입장을 취합시다.

수 상　: 그렇죠, 나도 알고 있어요. 하지만 저는 이번만은 그렇게… 하지 않기로 했습니다. 물론 우리가 현명하게 잘하겠지만, 미국이 세계 최대 강국이라는 것을 잊지 맙시다. 저도 별난 아이와 같은 행동은 하지 않을 겁니다. 차와 초콜릿비스킷을 얻어먹으려면 누구한테 잘 보여야 하죠?

말이 끝나는 순간 나탈리가 음료수를 가지고 들어온다. 나탈리, 쳐다보며 미소를 짓는다.

수 상　: (당혹해하며) 아.

28. 낮. 수상 집무실. 다우닝 가 10번지. 내부
노크 소리.

수 상　: 네, 들어와요.

나탈리, 파일과 쟁반을 들고 들어온다.

- **party**
  정당.

- **be bullied from pillar to post**
  잇따라 내몰리다, 끌려다니다, 연방 궁지에 몰리다.
  - bully
    못살게 굴다, 협박하여 시키다.
  - from pillar to post
    이리저리, 아무것도 되는 일이 없이.

- **petulant**
  별난, 까다로운.

- **screw around**
  빈둥거리다.

Let's take a stand.
우리 모두 맞서도록 합시다.
- stand
  여기서는 '입장, 주장, 근거'의 의미를 뜻한다.
- take a firm(strong, militant) stand
  단호한(강경한, 전투적인) 태도를 취하다.

이것만은 꼭!

Let's take a stand.

우리 모두 맞서도록 합시다.

NATALIE : These have just come through from the Treasury... and these are for you.

He smiles. The tray has a tea cup with three biscuit on a plate.

PM : Excellent, Thanks a lot.

NATALIE : I was hoping you'd win, not that I wouldn't have been nice to the other bloke, too. Just always given him the boring biscuits with no chocolate.

PM : Ha! Thanks very much. Thanks..., Natalie.

She leaves. He drops his head, slamming it on the table in despair.

PM : God. Come on, get a grip. You're the Prime Minister, for God's sake.

29. INT. FILM STUDIO/GILDED BEDROOM. DAY

The two stand-ins are having sex again on a bed. She is on the top of him.

JOHN : So what do you reckon to our new Prime Minister, then?

JUDY : Oh, I like him. I can't understand why he's not married, though.

JOHN : Oh, you know the type... married to his job. Either that or gay as a picnic basket.

Tony comes forward nervously with instructions.

나탈리 : 여기 재무부에서 온 서류들입니다. 그리고, 이거는 각하께 온 거구요.

수상, 미소를 짓는다. 쟁반 위에는 차와 비스킷 한 접시가 놓여있다.

수 상 : 고마워요.
나탈리 : 저는 선거에서 수상님이 이기시길 바랐어요. 제 뜻은 다른 분이었다면 제가 성실하지 않을 거라는 것은 아니고요. 단지 초콜릿이 없는 맛없는 과자를 항상 드렸을 거예요.
수 상 : 아, 정말 고마워요. 정말로, 나탈리.

나탈리, 사무실을 나간다. 수상, 절망스러운 생각에 머리를 숙여 책상에 부딪힌다.

수 상 : 정신차려, 제발. 너는 한 국가의 수상이라구!

29. 낮. 영화 촬영장소/호화스러운 침실. 내부
두 대역 다시 잠자리 신을 찍는다. 여자가 남자 위에 있다.

존 : 새로운 수상에 대해서 어떻게 생각하세요?
주 디 : 좋아요. 근데 왜 결혼 안 했는지 모르겠어요.
존 : 왜 그런 사람 있잖아요. 자기 일하고 결혼한 사람. 아니면 여자 같은 동성연애자이던가.

토니, 설명서를 가지고 긴장된 모습으로 다가온다.

▪**the Treasury**
재무부.

▪**bloke**
〈영〉 사람.

▪**slam**
때리다, 치다.

▪**get a grip**
정신 차려.

▪**either A or B**
A 또는 B.

▪**Gay as a picnic basket.**
여자같은 동성 연애자.
여기서 picnic basket (소풍〔도시락〕 가방)은 여자의 특성을 은유적으로 표현한 것이다.
• gay
동성연애자.

for God's sake
제발, 부디, 아무쪼록.
=for goodness' sake
=for heaven's sake

이것만은 꼭!

for God's sake

제발.

TONY : Um, excuse me Judy, if you could just lower the nipples and cheat them a bit to the left.

JUDY : OK.

JOHN : I have to say Judy, this is a real pleasure. It's lovely to find someone I can actually chat to.

JUDY : Thank you. Ditto.

TONY : And the move again please, Judy.

They move at the same time and knock in to each other.

JOHN : O God, Sorry! You're right.

JUDY : Oh, I'm sorry. Yeah.

30. EXT. STREET. DAY

Colin and Tony are in Colin's sandwich van—it says "the munch mob" on the side. Loud music plays.

31. INT. COLIN'S CAR. DAY

COLIN : Exciting news!

TONY : What?

COLIN : I've bought a ticket to the States. I'm off in 3 weeks.

TONY : No!

COLIN : Yes! To a fantastic place called... Wisconsin.

TONY : No!

COLIN : Yes! Wisconsin babes, here comes Sir Colin!

TONY : No, Col! There are a few babes in America. I grant you, but they're already going out with rich, attractive guys.

토 니 : 저기, 주디씨, 가슴을 좀 내리고 왼쪽으로 좀 돌렸으면 좋겠는데요.

주 디 : 네.

존 : 주디씨, 정말 좋네요. 누군가 말할 수 있는 상대를 만났다는 게 정말 너무 좋아요.

주 디 : 고마워요. 저도 그래요.

토 니 : 자, 주디씨, 이제 다시 움직여 주세요.

동시에 움직이다 서로 부딪힌다.

존 : 이런, 미안해요. 알았어요.

주 디 : 저도 미안해요.

30. 낮. 거리. 외부

콜린과 토니가 콜린의 빵차 안에 있다. 차 옆면에는 '먹는 동아리'라고 쓰여 있다. 음악이 크게 들린다.

31. 낮. 콜린 차. 내부

콜 린 : 좋은 소식이 있어.

토 니 : 뭔데?

콜 린 : 미국으로 가는 비행기표를 샀어. 3주 후면 나 떠나.

토 니 : 말도 안 돼!

콜 린 : 정말이야. 위스콘신이라는 곳인데, 끝내줘.

토 니 : 정말 말도 안 돼.

콜 린 : 정말 갈거라니까. 위스콘신 여자들이여, 여기 콜린님이 가신다.

토 니 : 콜린, 미국에는 네가 생각하는 여자들이 있긴 있어. 내가 장담하지만, 그 여자들은 벌써 돈 많고 잘생긴 남자들과 사귀고 있을 거라구.

- **lower**
  낮추다.
- **nipple**
  젖꼭지.
- **cheat**
  돌리다, 속이다.
- **ditto**
  동감, 위와 같음.
- **munch**
  우적우적 씹어 먹다.
- **mob**
  패거리, 군중.
  - the Mob
    마피아.
- **grant**
  인정하다, 시인하다.
- **go out with**
  ~와 데이트 하다.

I'm off in 3 weeks.
3주 후면 나 떠나.
- off
  여기서는 부사로서 '떠나, 출발하여'라는 의미.
- in
  ~이 지나면, 후에.
- in a few days
  2~3일 후에.

이것만은 꼭!

I'm off in 3 weeks.

3주 후면 나 떠나.

COLIN : Tone, you're just jealous. You know perfectly well that any bar anywhere in America contains ten girls more beautiful and more likely to have sex with me than the whole of the United Kingdom.

TONY : That is total bollocks. You've actually gone mad now.

COLIN : No! I'm wise. Stateside, I'm Prince William... without the weird family.

TONY : No, Colin! Nooooo!

COLIN : Yes!

TONY : Nyet!

COLIN : Da!

TONY : Nein!

COLIN : Ja, darling!

32. INT. HARRY'S OFFICE. DAY

Mia is there, looking gorgeous in a tight black dress.

HARRY : Right, the Christmas party, not my favourite night of the year and your unhappy job to organize.

MIA : Tell me.

HARRY : It's basic really. Find a venue, over-order on the drinks, bulk buy the guacamole and advise the girls to avoid Kevin if they want their breasts unfondled.

MIA : Wives and family and stuff?

콜 린 : 토니. 너 질투하는구나. 너도 잘 알다시피 미국의 어느 술집에 가든 여기 영국의 모든 술집에 있는 여자들보다 더 아름답고 또 나랑 자고 싶어하는 여자들이 열 명쯤은 있어.

토 니 : 헛소리하네, 네가 이젠 완전히 돌았구나.

콜 린 : 아니, 나 멀쩡해. 나는 미국으로 가는 윌리엄 왕자야… 이상한 가족은 빼고.

토 니 : 아니야, 콜린, 안 돼!

콜 린 : 나는 갈 거야.

토 니 : 안 돼.

콜 린 : 돼.

토 니 : 안 된다니까!

콜 린 : 된다니까!

32. 낮. 해리 사무실. 내부

미아, 몸에 딱 붙는 검은 원피스가 잘 어울린다.

해 리 : 그렇지, 성탄절 모임. 나한테는 일년 중 홍미 없는 밤이고 당신한테는 행사를 계획해야 하니 별로 하고 싶지 않은 일이겠고…….

미 아 : 말씀만 하세요.

해 리 : 그냥 기본적인 거요. 모임 장소를 우선 찾고, 마실 것을 많이 주문하고, 과카몰리를 대량 사고, 그런 거요. 그리고 여자들한테는 가슴을 애무당하지 않으려면 케빈을 가까이 하지 말라고 하구요.

미 아 : 아내들과 가족들은요?

- **jealous**
  질투하는, 질투심 많은.
- **likely to ~**
  ~하는 경향이 있는.
- **bollocks**
  허튼 소리, 시시한 짓, 얼빠진 짓.
- **Stateside**
  미국으로, 미국에서, 미국으로부터.
- **venue**
  모임 장소.
- **bulk buy**
  대량으로 사다.
  - bulk buying
    생산품 전량 매점.
- **guacamole**
  과카몰리(멕시코의 아보카도가 든 샐러드).
- **unfondle**
  애무하지 않다.
  - fondle
    애무하다, 희롱대다.

You've actually gone mad.
네가 이젠 완전히 돌았구나.
- go mad
  미치다. go insane, go crazy도 같은 의미로 사용된다.

이것만은 꼭!

You've actually gone mad.

네가 이젠 완전히 돌았구나.

HARRY : Yeah. I mean, not children. But wives and girlfriends etc. Oh, Christ, you haven't got some horrible six-foot, tight T-shirt wearing boyfriend you'll be bringing, have you?

MIA : No.... I'll just be hanging around the mistletoe, hoping to be kissed.

She looks at him hard.

HARRY : Really? Right.

She walks out. He sorts of shakes his head in a "wake-up" way.

33. INT. DANIEL'S HOUSE. DAY

Cut to Daniel and Karen entering Daniel's house.

DANIEL : He now spends all the time in his room. I mean, he'll be up there now.

KAREN : There's nothing unusual about that. My horrid son....

DANIEL : Bernard?

KAREN : Bernard stays in his room all the time. Thank goodness.

DANIEL : Yeah, but Karen, this is all the time....

The camera leaves them and tracks up the stairs towards Sam's door.

DANIEL : I'm afraid that there's something really wrong, you know? I mean, clearly it's about his mum but Christ, he might be injecting heroin into his eyeballs for all I know.

해 리 : 그렇죠. 하지만 애들은 말고 아내들하고 여자 친구들이요. 오 설마 1미터 80센티미터 키의 딱 달라붙는 그런 옷을 입는 남자친구가 있는 건 아니죠?

미 아 : 아니요. 전 단지 겨우살이 나무밑에서의 키스를 고대하며 있을 거예요.

미아, 해리를 뚫어지게 쳐다본다.

해 리 : 정말? 그래요.

미아, 퇴장한다. 해리, '정신차려' 식으로 고개를 흔든다.

33. 낮. 다니엘 집. 내부
다니엘과 카렌, 다니엘 집에 들어오고 있다.

다니엘 : 지금은 자기 방에만 있어. 지금도 방에 있을 거야.

카 렌 : 그게 뭐 어때서? 그 징글맞은 내 아들 녀석…….

다니엘 : 버나드?

카 렌 : 버나드도 자기 방에만 있어. 고마운 일이지.

다니엘 : 아니야 카렌, 내 아들은 정말 항상 그런다니까.

카메라가 그들의 모습에서 집 층계를 따라가다 샘의 방 앞에 멈춘다.

다니엘 : 뭔가 잘못되지나 않을까 정말 걱정돼. 분명히 죽은 자기 엄마때문이긴 하지만, 혹시라도 걔가 자기 눈에 마약이라도 넣으면…….

- **etc.**
  기타, …등등.
  = et cetera
  = and so forth
  = and so on

- **horrible**
  끔찍한, 심한(horrid보다는 좀 강한 표현).

- **foot**
  길이의 단위 1foot = 30.48cm

- **horrid**
  징글맞은, 지겨운.

- **track**
  추적하다, 따라가다.

- **inject**
  주사하다, 주입하다.

- **eyeball**
  눈알, 안구.

I'll just be hanging around the mistletoe, hoping to be kissed.
전 단지 겨우살이 밑에서의 키스를 고대하고 있을 거예요.
- mistletoe
  겨우살이.
- kiss under the mistletoe
  겨우살이 밑에서 키스하다(크리스마스 때 장식하는 겨우살이 밑에서는 소녀와 키스해도 좋다는 관습이 있다).

이것만은 꼭!

I'll just be hanging around the mistletoe, hoping to be kissed.

전 단지 겨우살이 밑에서의 키스를 고대하고 있을 거예요.

KAREN : At the age of eleven?

DANIEL : Well, maybe not into his eyeballs, then. Maybe just his veins.

34. INT. DANIEL'S HOUSE. DAY

Daniel and Karen, standing in the kitchen.

DANIEL : The problem is his mum always used to talk to him, you know, and... I don't know, the whole stepfather thing seems to suddenly somehow matter like it never did before.

KAREN : Listen, it was always going to be a totally shit time. Just be patient. And maybe check the room for needles.

DANIEL : And then when he sometimes does come out, it's obvious he's been crying. (Suddenly a wave of sorrow hits him and he starts to cry. Karen just touches his shoulder.) It's such a ridiculous waste. And now if it's going to ruin Sam's life as well... I just don't know.

KAREN : Get a grip. People hate sissies. No one's ever going to shag you if you cry all the time.

DANIEL : Yeah. Absolutely. Helpful.

카 렌 : 11살 짜리 애가?

다니엘 : 그럼, 눈에는 아닐지 몰라도 혈관에라도 혹시.

34. 낮. 다니엘의 집. 내부

다니엘과 카렌이 부엌에 서 있다.

다니엘 : 문제는 항상 엄마하고만 대화를 하고… 아, 정말 모르겠어. 전에는 한번도 새 아빠라는 게 문제가 되지 않을 것 같았는데 이제 보니까 문제가 되는 것 같애.

카 렌 : 안 좋은 때는 항상 있어. 우선 인내심을 가져. 그리고 혹시라도 바늘이 있나 방을 한번 뒤져보던가.

다니엘 : 그리고 가끔씩 개가 방에서 나와서 보면 확실히 울었던 얼굴이더라구. (갑자기 감정이 북받쳐 울음을 터뜨린다. 카렌, 어깨를 두드려 준다.) 정말 바보같은 짓이었어. 그리고 이게 샘 인생까지 망친다면… 어떻게 해야될지 정말 모르겠어.

카 렌 : 진정해. 사람들은 여자같은 남자를 싫어해. 당신이 이렇게 계속 울면 아무도 당신과 같이 자려고 하지 않는다구.

다니엘 : 그래, 그렇고말고, 정말 고마워.

- **vein**
  혈관, 정맥.
- **used to**
  ~하곤 했다. 과거의 습관을 나타냄.
- **needle**
  주사 바늘.
- **ridiculous**
  바보 같은, 터무니없는.
- **ruin**
  망치다.
- **as well**
  게다가.
- **People hate sissies.**
  사람들은 여자같은 남자를 싫어해.
  • sissy
  여자같은 남자 아이, 겁쟁이.

Get a grip.
진정하다, 마음을 가라앉히다.
• grip
지배(통제)력.

이것만은 꼭!

Get a grip.

진정해.

35. EXT. A BENCH. DAY
Daniel and Sam sit together looking out across the river. Eventually Daniel takes the plunge.

DANIEL : So, what's the problem, Samuel? Is it just mum or is it something else, huh? Maybe... school? Are you being bullied? Or is it something worse? Can you give me any clues at all?

SAM : You really want to know?

DANIEL : I really want to know.

SAM : Even though you won't be able to do anything to help?

DANIEL : Even if that's the case, yeah.

SAM : Okay. Well, the truth is, actually... I'm in love.

DANIEL : Sorry?

SAM : I know I should be thinking about mum all the time, and I am but the truth is I'm in love and I was before she died and there's nothing I can do about it....

DANIEL : Aren't you a bit young to be in love?

SAM : No.

DANIEL : Ah, well. OK, well... I'm a little relieved.

SAM : Why?

DANIEL : Because I... thought it'd be something worse.

SAM : Worse than the total agony of being in love?

DANIEL : No, you're right. Total agony.

35. 낮. 벤치. 외부

다니엘과 샘, 강을 마주보고 앉아 있다. 마침내 다니엘이 말을 꺼낸다.

다니엘 : 샘, 뭐 문제라도 있는 거니? 엄마 돌아가신 것 때문에 그래? 아니면 학교일? 너 혹시 왕따 당하니? 아니면 그것보다 더 안 좋은 무슨 일이 있는 거야? 뭔지 조금이라도 얘기해 줄 수 없겠니?

샘 : 정말 알고 싶으세요?

다니엘 : 응, 정말 알고 싶어.

샘 : 아빠가 해 줄 수 있는 게 하나도 없어도요?

다니엘 : 응, 아무것도 해줄 수 없더라도.

샘 : 알았어요. 그게… 사실은 뭐냐하면 말이죠. 사랑하는 사람이 있어요.

다니엘 : 뭐라고?

샘 : 제가 지금 엄마만 생각하고 있어야 되는 거 알아요. 또 사실이 그렇고요. 어쨌든 사랑하는 사람이 있어요. 그리고 이건 엄마가 돌아가시기 전부터 그랬던 거예요. 어떻게 해야 될지 모르겠어요.

다니엘 : 사랑하기엔 네가 좀 어리다고 생각하지 않니?

샘 : 아니요.

다니엘 : 그랬었구나. 그럼, 다행이다.

샘 : 왜요?

다니엘 : 아니, 난 더 안 좋은 거라고 생각했지.

샘 : 사랑처럼 완전한 고통보다 더 심한 게 있나요?

다니엘 : 그래, 네 말이 맞다. 사랑의 고통이 제일 크지.

- **eventually**
  마침내.
- **take the plunge**
  결단을 내리다, 모험을 하다.
- **be bullied**
  왕따 당하는.
  • bully
  ~를 못살게 굴다.
- **clue**
  실마리.
- **even though**
  비록 ~일지라도.
  = even if
- **relieve**
  안도하게 하다, 긴장을 풀다.
- **agony**
  고통.

I'm in love.
사랑하는 사람이 있어요.
• in love
(사람 · 일 등에) 반해 있다.
• fall in love with
~와 사랑을 하다, 사랑에 빠지다.

이것만은 꼭!

I'm in love.

사랑하는 사람이 있어요.

36. INT. THE FAIR-TRADE OFFICE. NIGHT

It's late. Sarah is at her desk. She is putting on a bit of makeup furtively. Then suddenly Karl is walking from the far end of the long office towards her. She watches him, he reaches her desk near the door.

KARL : Night, Sarah.

SARAH : Night, Karl.

He leaves. She throws her hands in the air, exasperatedly. Her phone rings.

SARAH : Yeah, absolutely. Free as a bird. Fire away.

37. EXT/INT. FARMHOUSE IN FRANCE. DAY

Cut to total darkness. Then windows start to open, on the livingroom of Jamie's chaotic but lovely French farmhouse. Jamie, with his suitcases deposited in the middle of the room, is opening the windows. Jamie stands in front of a little desk. He sits down in front of an old-fashioned typewriter.

JAMIE : Alone again. Naturally.

38. INT. PM'S OFFICE. 10 DOWNING STREET. NIGHT

Cut to later that night. The PM is showing out a minister, as he opens the door to find Natalie to knock.

A MINISTER : I'll deal with it.

PM : Mm.... Ah. Natalie.

NATALIE : Sir.

She enters with a pile of papers and files, puts them down, and heads off. Then....

PM : Thanks. Natalie, I'm starting to feel... uncomfortable about us working in such close proximity every day and me knowing so little about you. It seems... elitist and wrong.

36. 내부. 공정거래 사무실. 밤
늦은 밤 사라가 자기의 책상에 앉아 남몰래 화장을 하고 있다. 그때 갑자기 칼이 저 끝에서 그녀가 있는 쪽으로 걸어오고 있다. 사라, 칼을 바라본다. 그가 문에 가까운 그녀의 책상에 다다른다.

칼 : 수고해요, 사라.
사 라 : 잘 가요, 칼.

그가 나간다. 사라, 신경질적으로 손을 허공에 던진다. 전화벨이 울린다.

사 라 : 물론, 안 바빠. 얘기 해.

37. 낮. 프랑스의 농가. 외부/내부
칠흙 같은 어둠. 제이미의 복잡하지만 아담한 프랑스식 농장 집의 창문이 열린다. 제이미, 여행 가방을 방 가운데에 놓고 창문을 열고 있다.
제이미, 작은 책상 앞에 선다. 그리곤 옛날식 타자기 앞에 앉는다.

제이미 : 언제나 그렇듯이 또 다시 혼자네.

38. 밤. 다우닝 가 10번지. 수상 집무실. 내부
같은 날 밤. 수상, 나가는 장관을 위해 문을 열자 나탈리, 문 앞에 노크를 하려고 서 있다.

어떤 장관 : 제가 처리하겠습니다.
수 상 : 나탈리!
나탈리 : 각하.

나탈리, 서류 한 꾸러미와 파일을 가지고 들어온다. 그것들을 내려놓고 나가려고 한다. 그때…….

수 상 : 고마워요. 나탈리, 우리가 이렇게 매일 가까이에서 일하면서도 서로에 대해서 너무 모른다는 게, 뭔가 좀… 불편하다는 생각이 드네요. 뭔가 잘못된 것 같지 않나요?

- **furtively**
  몰래, 살그머니, 슬쩍.
- **exsperatedly**
  화가 나서, 신경질적으로.
- **chaotic**
  혼돈된, 무질서한, 혼란한.
- **deposite**
  아래에 놓다, 두다.
- **old-fashioned**
  구식의.
- **head off**
  방향을 돌려 가다.
- **in close proximity**
  아주 근접하여.
- **elitist**
  엘리트주의(자)(소수의 선택된 자가 대중보다 우위에 있다고 믿는 사람, 또는 그런 생각).

Free as a bird.
안 바빠.
새처럼 자유롭다. 즉, '바쁘지 않다'는 의미.

이것만은 꼭!

Free as a bird.

안 바빠.

FROSTED FLAKES

Worse than the total agony of being in **love**?

NATALIE : Well, there's not much to know.

PM : Well, where do you live, for instance?

NATALIE : Wandsworth. The dodgy end.

PM : Ah, my sister lives in Wandsworth.

NATALIE : Oh.

PM : So which exactly is the dodgy end?

NATALIE : Right at the end of the High Street, Harris Street, near the Queen's Head.

PM : Oh, yeah, yeah, that is dodgy.

NATALIE : Hm.

PM : Erm, and you live with your... husband? Boyfriend? Three illegitimate but charming children?

NATALIE : No. I've just split up with my boyfriend actually, so I'm back with my mum and dad for a while.

PM : Ah. Sorry.

NATALIE : No, it's fine. I'm well shot of him... (she pauses) He said I was getting fat.

PM : I beg your parden?

NATALIE : He said no one'd going to fancy a girl with thighs the size of big tree trunks. Not a nice guy, actually, in the end.

PM : No. (he appears to go back to work, then looks up casually) You know, erm... being Prime Minister, I could just have him murdered.

NATALIE : Thank you, sir. I'll think about it.

PM : Do. The SAS are absolutely charming. Ruthless trained killers are just a phone call away.

나탈리　: 글쎄요, 별로 말씀드릴 만한 것이 없는데요.
수 상　: 예를 들자면, 어디에 산다던가…….
나탈리　: 완즈워스에 살아요. 가난한 동네죠.
수 상　: 내 누나가 윈즈워스에 살아요.
나탈리　: 예.
수 상　: 가난한 동네라면 정확히 어디죠?
나탈리　: 해리스 가라고 하이 가의 끝이에요. 퀸즈 헤드 근처예요.
수 상　: 아, 그렇군요. 그렇긴 하죠. 그리고… 남편… 아니면 남자친구 그것도 아니면 남몰래 키우는 3명의 귀여운 아이들이랑 사나요?
나탈리　: 아니요, 실은 얼마전에 남자친구와 헤어져서 부모님이랑 잠시 살고 있어요.
수 상　: 아, 안됐네요.
나탈리　: 아니요, 괜찮아요. 차버리길 잘했죠……. (머뭇거리다가) 저보고 뚱뚱해진다고 하더라구요.
수 상　: 뭐라구요?
나탈리　: 아무도 허벅지가 나무통만한 여자를 좋아하지 않을 거라고 그랬어요. 결과적으로, 별로 좋은 사람이 아닌 거죠.
수 상　: 그렇군요. (일을 하려다 다시 나탈리를 보며) 수상의 힘으로 그를 청부살인할 수도 있는데요.
나탈리　: 고맙습니다, 각하. 한번 생각해 보죠.
수 상　: 그래요. 공군특수부대는 대단해요. 전화 한 통화면 잘 훈련되고 잔인한 살인청부업자를 구할 수 있어요.

- **the dodgy end**
  가난한 동네, 위험한 동네.
- **illegitimate**
  사생아의, 불법의.
- **charming**
  귀여운, 매력적인.
- **split up with**
  ~와 헤어지다, 이혼하다.
  = break up with
- **in the end**
  마침내, 결국은.
- **SAS**
  영국의 공군 특수 부대(= Special Air Services).
- **ruthless**
  무자비한, 냉혹한.
- **a phone call away**
  전화 한 통화면 되요.

I beg your pardon?
뭐라구요?
= Pardon?

이것만은 꼭!

I beg your pardon?
뭐라구요?

They both look at each other and there's a little laugh. For a moment she was sad and he's cheered her up. She leaves.

PM : Oh, God. Did you have this kind of problem?

Cut up to a very stern portrait of Margaret Thatcher.

PM : Yeah, of course you did, you saucy minx.

39. INT. DANIEL'S LIVING ROOM. NIGHT

Sam is sitting on the couch as Daniel paces round, full of energy.

DANIEL : So, let's go. We can definitely crack this. Remember I was a kid once, too. So come on, it's someone at school. Right?

SAM : Yeah.

DANIEL : Good, good. What does she, he... feel about you?

SAM : She doesn't even know my name. And even if she did, she'd despise me. She's the coolest girl in school. And everyone worships her because she's heaven.

DANIEL : Good. Good. Well, basically you're fucked, aren't you?

서로를 쳐다보며 살짝 웃는다. 잠시 우울해하는 그녀를 수상이 북돋아준다. 나탈리, 나간다.

수 상 : 아이고 맙소사, 당신도 혹시 이런 문제가 있으셨나요?

준엄한 모습의 마거릿 대처 초상화가 보인다.

수 상 : 물론 그랬겠죠. 여우 같은 여자…….

39. 밤. 다니엘 거실. 내부

샘은 소파에 앉아 있고 다니엘은 주위를 힘차게 걷고 있다.

다니엘 : 자, 잘 해결할 수 있을 거야, 아빠에게도 한때 너처럼 어린 시절이 있었지. 학교에 있는 애지?

샘 : 네.

다니엘 : 그 여자애…, 남자애…는 널 어떻게 생각하니?

샘 : 그 여자애는 내 이름도 몰라요. 혹시 안다고 해도 날 싫어할 거예요. 그 애는 학교에서 짱이에요. 그래서 모든 아이들이 다 좋아해요.

다니엘 : 응, 그렇구나. 그러니까 한마디로 네가 차였구나, 그런 거지?

- **saucy minx**
  여우같은 여자, 건방진 말괄량이.
- **definitely**
  명확히, 분명히.
- **crack**
  (어려운 것)을 풀다, 해결하다.
- **despise**
  싫어하다, 멸시하다, 경멸하다.
- **worship**
  열애하다, 숭배하다.

Movie Talk

겨우살이 밑에서의 키스

Kissing under the mistletoe

겨우살이 밑에서의 키스는 그리스 고대 축제 중의 하나인 농신제(農神祭)에서 유래되었으며 나중에는 결혼식과 연관지어졌다. 이는 두 가지의 믿음에서 비롯되었는데, 첫째는 겨우살이가 번식력이 강하다는 것이며 둘째로는 겨우살이의 가지가 생명을 준다는 믿음이다. 스칸디나비아에서 겨우살이는 평화의 상징이다. 나무밑에서는, 서로 싸우던 적들도 정전을 선포할 수 있다고 믿었다.

18세기 영국에서는 "kissing ball"이 가지고 있는 신비한 매력을 믿어 성탄절에 젊은 여자가 그 공 밑에 서 있으면 키스를 꼭 받을 수 있다고 믿었다. 그 키스의 의미는 깊은 사랑이나 오랜 우정, 호의를 의미한다. 그 밑에서 키스를 받지 못하면 그 다음 해에 반드시 결혼을 한다고 믿었다. 영국의 한 지역에서는 성탄절 겨우살이 밑에서 키스를 한 남자와 여자들이 결혼할 수 있도록 열두 번째 되는 밤에 성탄절 겨우살이를 태워버린다. 믿거나 말거나 이러한 풍습은 성탄절 축제에 있어서 흥밋거리이다. 키스에 대한 이교도의 의의는 잊혀졌을지 몰라도 겨우살이 밑에서의 키스는 유럽의 여러 나라와 캐나다에서도 볼 수 있다. 겨우살이 밑에서 사랑하는 연인들이 서로 키스를 하면 결혼의 약속을 의미하고 행복과 장수로 해석되기도 한다. 프랑스에서는 신년에 대한 겨우살이 풍습이 있다. 요즘에는 겨우살이의 키스를 어느 축제에서도 볼 수 있다.

Kissing under the mistletoe is first found associated with the Greek festival of Saturnalia and later with primitive marriage rites. They probably originated from two beliefs. One belief was that it has power to bestow fertility. It was also believed that the dung from which the mistletoe would also possess "life-giving" power. In Scandinavia, mistletoe was considered a plant of peace, under which enemies could declare a truce.

Later, the eighteenth-century English credited with a certain magical appeal called a kissing ball. At Christmas time a young lady standing under a ball of mistletoe cannot refuse to be kissed. Such a kiss could mean deep romance or lasting friendship and goodwill. If the girl remained unkissed, she cannot expect not to marry the following year. In some parts of England the Christmas mistletoe is burned on the twelfth night lest all the boys and girls who have kissed under it never marry. Whether we believe it or not, it always makes for fun and frolic at Christmas celebrations. Even if the pagan significance has been long forgotten, the custom of exchanging a kiss under the mistletoe can still be found in many European countries as well as in Canada. Thus if a couple in love exchanges a kiss under the mistletoe, it is interpreted as a promise to marry, as well as a prediction of happiness and long life. In France, the custom linked to mistletoe was reserved for New Year's Day: "Au gui l'An neuf" (Mistletoe for the New Year). Today, kisses can be exchanged under the mistletoe any time during the holiday season.

LoveActually

Chapter 3

The Relationships

만남

Movie Talk

다우닝 가 10번지

10 Downing Street

ost

Jump

Sung by Girls Aloud

Chapter 3

만남

The Relationships

시간 00:33:03 ~ 00:45:41

40. INT. TV STUDIO. DAY

It's a Saturday morning pop show. Ant, Dec, and Billy are on air, standing next to a large display of prizes. Joe is watching on a monitor on the wings.

DEC : Hi there and welcome back. So, Billy... three weeks till Christmas, looks like the real competition's going to be Blue.

BILLY : Yeah, I saw them on the show last week. They weren't very nice about my record.

ANT : No. Little scamps!

BILLY : But very, very talented musicians.

DEC : Yeah, Billy. I understand you've got a prize for our competition winners.

BILLY : Yes, I have, Ant or Dec. It's a... it's a personalized felt-tip pen.

ANT : Oh, great.

40. 낮. TV 스튜디오. 내부

토요일 아침 팝 쇼. 안트와 데크, 빌리는 크게 전시해 놓은 상품 옆에서 방송 중이다. 조, 다른 쪽에서 모니터를 통해 보고 있다.

데 크 : 안녕하세요, 빌리씨. 성탄절까지는 3주 남았네요. 그리고 블루가 경쟁자가 될 것 같은데요.

빌 리 : 네, 지난 주 쇼에서 봤어요. 제 음반에 대해서 별로 신사답지 못하던데요.

안 트 : 좀 건방지네요.

빌 리 : 하지만 아주 소질 있는 음악가죠.

데 크 : 빌리씨, 이 대회의 우승자를 위해 상품을 준비하셨다구요.

빌 리 : 네 준비했습니다, 안트씨, 데크씨. 특별주문한 펠트펜이에요.

안 트 : 아, 네. 좋네요.

- competition
  경쟁자, 경쟁 상대.
- scamp
  건달, 망나니, 장난꾸러기.
- talented
  재능 있는.
- musician
  음악가.
- prize
  상.
- personalized felt-tip pen
  특별 주문해서 만든 펠트 펜.

BILLY : It's brilliant. It even writes on glass. So if you've got a framed picture, like, for instance, this one of Blue, you can just write on it.

He draws a speech bubble above the band and then writes inside it "We've got little pricks."

DEC : Er, a lot of kids watching, Billy.

BILLY : Oh, yeah. Hiya, kids. Here's an important message from your Uncle Bill, don't buy drugs. Become a pop star, and they give you them for free.

ANT : And I do believe it's a commercial break. Thank goodness. We'll see you soon, bye bye!

Cut to Joe banging his head against the monitor.

41. INT. ART GALLERY/PETER'S OFFICE/JULIET'S OFFICE. DAY

We move into the gallery. Mark is on the phone, three schoolgirls giggle in the background, inspecting the photos which includes four naked male.

GIRLS : Look at him! Eurh!

MARK : Just a minute. (to the girls) Actually they're not funny, they're art. (on the phone) Okay, let's say, er, Thursday, my place.

PETER : Great.

Cut to Peter in his office, on the phone.

PETER : But for now, I've got Juliet on the other line. Can I patch you through, she wants to ask you a favour.

Mark sighs.

빌 리　: 참 좋아요. 유리 위에도 써져요. 그러니까, 여기 블루 액자 사진과 같은 유리액자 사진을 가지고 계시다면, 이 위에 쓰실 수 있죠.

밴드 사진 위에 말풍선을 그리고 "우리는 거시기가 작아요."라고 쓴다.

데 크　: 빌리씨, 많은 어린이들이 보고 있습니다.

빌 리　: 아, 그렇죠. 안녕, 어린이 여러분. 빌 아저씨가 여러분에게 할 중요한 얘기가 있어요. 마약은 사지 마세요. 유명한 가수가 되세요. 그러면 공짜로 마약을 얻을 수 있습니다.

안 트　: 다행히도 광고 나갈 시간이네요. 그럼 잠시 후에 뵙겠습니다.

조, 자기 머리를 모니터에 찧고 있다.

41. 낮. 갤러리/피터 사무실/줄리엣 사무실. 내부

갤러리 안에서 마크는 통화중이다. 그 뒤에는 세 명의 여학생들이 남자들의 벗은 사진을 보며 웃고 있다.

여학생들　: 이 남자 좀 봐.

마 크　: 잠깐만. (여학생들에게) 그건 웃음거리가 아니라 예술이라고 하는 거야. (전화 수화기에) 그래, 목요일에 내 집에서 보자.

피 터　: 그래, 좋아.

피터, 사무실에서 통화중이다.

피 터　: 근데, 줄리엣이 지금 기다리는데 전화 바꿔줄게. 뭐 좀 부탁할 게 있대.

마크, 한숨 쉰다.

- **brilliant**
  멋진, 훌륭한.
- **a framed picture**
  액자 사진.
- **a speech bubble**
  말 풍선.
- **prick**
  음경.
- **They give you them for free.**
  공짜로 마약을 얻을 수 있습니다.
  여기서 them은 앞에서 언급한 '마약'을 의미하고 있다.
  - for free
    공짜로.
- **commercial break**
  광고 시간.
- **giggle**
  낄낄 웃다.
- **patch through**
  (전화를) 연결시켜 주다.

She wants to ask you a favour.
뭐 좀 부탁할 게 있대.
- favour
  부탁. 미국영어에서는 favor라고 쓴다.
- Can I ask you a favour?
  부탁 좀 해도 될까요?

이것만은 꼭!

She wants to ask you a favour.

뭐 좀 부탁할 게 있대.

MARK : Okay, fine.

PETER : Thanks. And, er, be nice.

MARK : I'm always nice.

PETER : You know what I mean, Marky. Be friendly.

MARK : I'm always....

JULIET : Mark?

MARK : Hi. (dutifully) How was the honeymoon?

JULIET : It was great. Thanks for the gorgeous send-off.

Pause.

MARK : So, what can I do for you?

JULIET : It's only a tiny favour. I've just tried the wedding video and it's a complete disaster. It's come out all blue and wibbly.

MARK : I'm sorry.

JULIET : And I remember you filming a lot on the day, and I just wondered if I could look at your stuff.

MARK : O no, look, to be honest, I didn't really... you know....

JULIET : Please. All I want is just one shot of me in a wedding dress that isn't bright turquoise.

MARK : Okay. I'll have a look but I'm pretty sure I wiped it, so don't get any hope up. Must go.

And the conversation is over. Juliet slightly taken aback by his unfriendliness.

마 크 : 그래, 알았어.
피 터 : 고마워, 잘 해줘.
마 크 : 항상 잘해주잖아.
피 터 : 내가 무슨 말 하는 줄 알잖아, 마키. 좀 친절하게 해달라고.
마 크 : 나야 항상 그렇지…….
줄리엣 : 마크?
마 크 : 안녕. (형식적인 어투로) 신혼여행은 잘 갔다왔어?
줄리엣 : 너무 좋았어. 멋진 송별회까지 해줘서 고마워.

잠시 아무 말이 없다.

마 크 : 그래, 물어볼 게 뭔데?
줄리엣 : 응, 별거 아니야. 내가 지금 방금 결혼식 때 찍은 비디오를 봤는데 완전 엉망이야. 화면이 선명하질 않아.
마 크 : 안됐네.
줄리엣 : 그래서 말인데, 그날 네가 비디오를 많이 찍었잖아. 그것 좀 보여줬으면 해서.
마 크 : 아, 그거, 사실은 그렇게 많이 찍지 않았는데.
줄리엣 : 부탁이야. 나는 다만 그때 입었던 그다지 밝지 않은 청록색 드레스를 입은 내 모습이 보고 싶어서 그래.
마 크 : 알았어. 한번 찾아볼게. 근데, 내가 지운 것 같애. 그러니까 너무 기대하지 마. 그럼 끊을게.

대화가 끝난다. 줄리엣, 마크의 불친절함에 놀란다.

- **honeymoon**
  신혼 여행.
- **gorgeous**
  멋진, 굉장한, 훌륭한.
- **send-off**
  전송, 송별.
- **tiny**
  아주 작은, 별거 아닌.
- **disaster**
  엉망, 실패작.
- **blue and wibbly**
  선명하질 않아, (화면이) 어둡고 흐릿하다.
- **to be honest**
  사실은, 솔직히 말하자면.
- **bright turquoise**
  밝은 청록색.
- **pretty**
  꽤.
- **wipe**
  지우다.
- **take aback**
  허를 찌르다, 깜짝 놀라게 하다.

What can I do for you?
내가 너에게 해줄 게 뭔데?→ 부탁이 뭔데?, 물어볼 게 뭔데?

이것만은 꼭!

What can I do for you?

물어볼 게 뭔데?

42. INT. THE FAIR-TRADE OFFICE. MORNING
Harry is with Sarah, who is sitting at her desk. We see a photo of young man by her computer.

HARRY : Any progress with our matchmaking plans?

SARAH : No, I've done fuck-all and never will because he's too good for me.

HARRY : How true.

Sarah smacks Harry, in mock annoyance. Harry smacks her back, then Sarah's mobile begins to ring.

HARRY : And of course, your mobile goes....

SARAH : Hello. Hi. How are you doing?

HARRY : (walking over to Mia) So, how's the Christmas party going?

MIA : Good. Think I've found a venue. Friend of mine works there.

HARRY : What's it like?

MIA : Good, good. It's an art gallery. Full of dark corners for doing dark deeds.

She looks at him hard.

HARRY : Oh. Right. Good. Well, I suppose I should take a look at it, or something.

MIA : You should.

42. 내부. 공정무역 사무실. 아침

해리, 사라와 함께 있다. 사라, 자기 책상에 앉아 있다. 그녀의 컴퓨터 옆에는 젊은 남자의 사진이 놓여 있다.

해 리 : 연애 사업은 잘 되어가?

사 라 : 아니요. 아무것도 할 수 있는 것도 없고 앞으로 하지도 않을 거예요. 왜냐하면 그 남자는 저한테 너무 과분해요.

해 리 : 그건 사실이지.

사라, 화난 척하며 해리를 때린다. 해리 역시, 사라의 등을 친다. 그때, 사라의 핸드폰이 울린다.

해 리 : 그럼 그렇지. 또 전화 오네.

사 라 : 여보세요? 잘 지냈어?

해 리 : (미아에게 가서) 성탄절 파티 준비는 잘 돼가요?

미 아 : 네, 장소를 찾았어요. 제 친구가 일하는 곳이에요.

해 리 : 어떤 곳인데요?

미 아 : 아주 좋아요. 갤러린데요, 은밀한 것을 위한 은밀한 곳이 많아요.

미아, 해리를 뚫어지게 쳐다본다.

해 리 : 그래요, 좋아요. 그러면 내가 한번 보든지 해야겠군요.

미 아 : 그러세요.

- **matchmaking plan**
  연애 사업, 짝짓기.
- **annoyance**
  성남, 화남.
- **smack**
  찰싹 치다.
- **mobile**
  휴대폰.
  = a mobile phone
  = a cellular phone
- **friend of mine**
  내 친구.
- **deed**
  행동.
- **I suppose I should take a look at it.**
  한번 보든지 해야겠군요.
  • take a look at
  보다, 살펴보다.
  • I suppose ~.
  ~이겠지요.

He's too good for me.
그 남자는 저한테 너무 과분해요.
• too ... to ~
~하기엔 너무 …하다.
• She is too young to be married.
그녀는 결혼하기엔 너무 어려.

이것만은 꼭!

He's too good for me.

그 남자는 저한테 너무 과분해요.

43. INT. FARMHOUSE IN FRANCE. DAY

Cut to Jamie typing in France on old-fashioned typewriter and paper. The door bell rings. He leaves the desk.

44. INT/EXT. FRONT DOOR. FARMHOUSE. DAY

Jamie opens the door. There's a confident, middle-aged French woman, Eleonore. She is clearly in charge of the house in some way with a nice thick French accent.

JAMIE : Bonjour, Eleonore.

ELEONORE : Bonjour, Monsieur Bennett. Welcome back. And this year, you bring a lady guest?

JAMIE : Ah, no. There's a change of situation. Just me.

ELEONORE : Oh. Am I sad, or not sad?

JAMIE : I think you're not surprised.

ELEONORE : And you stay here till Christmas?

JAMIE : Yeah.

ELEONORE : Good. Well, I find you a perfect lady to clean the house. This is Aurelia.

The shot widens to reveal, standing back nervously, Aurelia—a beautiful and dark-haired woman, 28, wearing a very ordinary cheap dress under a red overcoat. He moves out to greet her.

JAMIE : Bonjour, Aurelia.

AURELIA : (very quietly) Bonjour.

JAMIE : (French) Er, je suis, er, très heureux de vous avoir ici.

She looks puzzled.

43. 낮. 프랑스의 농장. 내부
제이미, 옛날식의 타자기와 종이를 가지고 타자를 치고 있다.
벨이 울린다. 제이미, 문쪽으로 간다.

44. 낮. 농가. 정문. 내부/외부
제이미가 문을 연다. 문앞에는 자신있게 서 있는 중년의 여자, 엘리노아가 있다. 불어식 발음을 하는 집을 돌보는 사람이다.

제이미 : 봉쥬르, 엘리노아씨.
엘리노아 : 봉쥬르, 베넷씨. 돌아오신 걸 환영해요. 올해에는 숙녀분을 손님으로 모시고 오셨나요?
제이미 : 아, 아니에요. 사정이 생겨서 그냥 저 혼자예요.
엘리노아 : 아, 네. 제가 슬플까요, 안 슬플까요?
제이미 : 놀라신 것 같진 않네요.
엘리노아 : 성탄절까지 계실 거예요?
제이미 : 네.
엘리노아 : 그러세요. 집을 청소해 줄 숙녀분을 소개할게요. 이쪽은 오렐리아예요.

긴장된 모습으로 뒤에 서 있는 오렐리아가 화면에 비쳐진다. 28살의 그녀는 아름답고 검은 머리를 지녔으며 평범한 싼 원피스에 빨간색 비옷을 입었다. 제이미, 그녀에게 인사를 하기 위해 앞으로 다가간다.

제이미 : 봉쥬르, 오렐리아.
오렐리아 : (작은 목소리로) 봉쥬르.
제이미 : (아주 어색한 억양으로) 제 수이스 트, 트, 트레스, 휴렉스, 데 봇 아보이어 이씨.

오렐리아, 당황스러운 표정이다.

- **old-fashioned** 구식의, 오래된.
- **typewriter** 타자기.
- **in charge of** ~를 맡고 있는, 담당의.
- **change of situation** 상황의 변화.
- **widen** 넓어지다.
- **nervously** 긴장된 모습으로.
- **ordinary** 보통의, 평범한.
- **puzzled** 당황한, 어쩔 줄 모르는.

Just me.
그냥 저 혼자예요.
= It's just me.

이것만은 꼭!

Just me.

그냥 저 혼자예요.

ELEONORE : Unfortunately, she cannot speak French. Just like you, she is Portuguese.

JAMIE : Ah, ah... buongiorno. ahm... Eusebio, er, er.... Er, molto bueno.

He mimes a little bit of football.

ELEONORE : I think she's ten years too young to remember there was a footballer called Eusebio. And "molto bueno" is Spanish.

JAMIE : Right. Anyway, it's nice to meet you and....

He moves back towards the house.

ELEONORE : Perhaps you can drive her home at the end of her work.

JAMIE : Absolutely. Con... con grande, er, plesura.

ELEONORE : Which is what? Turkish?

45. INT/EXT. JAMIE'S CAR IN FRANCE. DAY

Aurelia and Jamie in the car. Total silence... Jamie getting embarrassed. He looks at the gorgeous valley they are driving through.

JAMIE : Bello.... Er, bella.

She looks puzzled.

JAMIE : Er, mon... montagno... arvarez.

엘리노아 : 안됐지만 그녀는 프랑스말을 못해요. 당신처럼요. 포르투갈 사람이에요.

제이미 : 아, 음… 본 기어노. 암… 유세비오… 몰토 부에노.

제이미, 축구하는 흉내를 낸다.

엘리노아 : 이쪽은 유세비오라는 축구선수를 알기에는 10년이나 더 어리죠. 그리고 '몰토 부에노'는 스페인어예요.

제이미 : 그렇죠, 맞아요. 어쨌든, 만나서 반가워요…….

제이미, 집쪽으로 간다.

엘리노아 : 집안일이 끝난 다음에는 집까지 데려다 주실 수 있죠?

제이미 : 물론이죠. 콘 그란데 플레소로.

엘리노아 : 그건 또 무슨 말이에요? 터키어인가요?

45. 낮. 프랑스. 제이미의 차. 내부/외부

오렐리아와 제이미, 차 안에 있다. 침묵이 흐른다. 제이미, 난처해한다. 그는 그들이 지나고 있는 아름다운 계곡을 바라본다.

제이미 : 벨로……. 벨라.

오렐리아, 당황스러운 표정이다.

제이미 : 몬타그노… 아르보레.

- **unfortunately**
  안됐지만, 불행하게도.
- **mime**
  흉내내다.
- **embarrassed**
  당혹한, 난처한.
- **valley**
  계곡.

You can drive her home at the end of her work.
일이 끝나면 집에 데려다 주실 수 있죠.
- drive one's home
  차로 집에 데려다 주다.

이것만은 꼭!

You can drive her home at the end of her work.

일이 끝나면 집에 데려다 주실 수 있죠.

She just looks slightly perplexed.

JAMIE : No, right. Silence is golden. As the Tremeloes said. Clever guys. Although I think the original version was by Frankie Valli and the 4 Seasons. Gr... great, great band. (humming) Oh, shut up.

He just goes back to driving.

46. EXT. WHITEHALL/10 DOWNING STREET. DAY
Dramatic cut to huge crowds outside Downing Street, bright sunshine, two large official looking cars accompanied by police sweep through the gates, and out of the first one steps the American president. He is a glamorous, very charismatic man. The Prime Minister and president shake hands at the door. The PM's style seems quieter, and more modest against the American president's sexy confidence.

PM : Mr. President, welcome.

PRESIDENT : It's a pleasure to meet you.

47. INT. 10 DOWNING STREET. ENTRANCE HALL/INNER LOBBY. DAY
Cut inside the front door. There are lots of people—members of the cabinet.

PM : Come on through. I'm sorry your wife couldn't make it by the way.

PRESIDENT : So is she. Although she would have been kind of lonely, I'm sure....

PM : Yes, pathetic, isn't it. Just never been able to tie a girl down. Not sure that politics and dating really go together.

PRESIDENT : Really? I've never found that.

오렐리아, 당혹해하는 표정이다.

제이미 : 그래 맞아. 트레멜로에스라는 그룹이 노래한 것처럼 침묵은 금이다. 똑똑한 사람들이죠. 아마 원래는 프랭키 발리와 4계절이란 그룹이 불렀죠? 훌륭한 그룹이에요. (노래를 흥얼거리다가) 오, 그만.

제이미, 운전만 한다.

46. 낮. 화이트홀/다우닝 가 10번지. 외부
다우닝 가에 많은 인파들이 몰려있다. 경찰차를 동반한 두 대의 큰 차가 문으로 들어온다. 첫 번째 차에서 미국 대통령이 내린다. 그는 잘생겼고 카리스마가 넘쳐 보인다. 수상과 대통령, 문 앞에서 악수를 한다. 수상의 스타일은 좀더 조용하고 미국 대통령의 매력적인 자신감에 비해 좀더 겸손한 모습이다.

수 상 : 환영합니다, 대통령 각하.

대통령 : 만나서 반갑습니다.

47. 낮. 다우닝 가 10번지. 입구/로비. 내부
안쪽으로 많은 고문단들이 서 있다.

수 상 : 이쪽으로 오시죠. 영부인께서 못 오셔서 유감입니다.

대통령 : 네, 제 아내도 그렇게 생각합니다. 물론 왔다고 해도 외로워했을 테지만…….

수 상 : 맞아요, 안됐죠. 저는 한 번도 내 여자를 만들어 본 적이 없어요. 정치하는 것과 연애하는 것이 서로 어울리지 않은 것 같아요.

대통령 : 그런가요? 저는 모르겠는데요.

- **glamorous**
  멋있는.
- **charismatic**
  카리스마가 넘치는.
- **shake hands**
  악수를 하다.
- **modest**
  적당한, 삼가는.
- **against**
  ~에 반대하여.
- **members of the cabinet**
  고문단.
- **pathetic**
  슬픈, 애처로운.
- **to tie a girl down**
  한 여자를 구속하다, 내 여자로 만들다.
- **go together**
  어울리다.

Silence is golden.
침묵은 금이다.
The Tremeloes라는 그룹이 부른 노래이다.

이것만은 꼭!

Silence is golden.

침묵은 금이다.

PM : Yeah, well, the difference is that you're still sickeningly handsome, whereas I look increasingly like my aunt Mildred.

They walk up the stairs.

PM : Very jealous of your plane, by the way.

PRESIDENT : (laughing) Thank you. We love that thing. I'll tell you.

They pass Natalie.

PM : Ah, Natalie. Hi.

PRESIDENT : Morning, ma'am. How's your day so far?

Natalie acknowledges them with a smile and continues down the stairs.

PRESIDENT : Excellent... (to the PM) My goodness, that's a pretty little son of a bitch. Did you see those pipes?

PM : Yeah, she's terrific... at her job.

48. INT. SMALL MEETING ROOM. DOWNING STREET. DAY

A mixture of American and British ministers sit round a table, including the PM and the president. The experts are talking. PM is looking intently on. The meeting is very tense. It's clearly been going on for hours, lots of files and papers around.

AMERICAN EXPERT : No, absolutely not. We cannot and will not consult on that either.

ALEX : That is unexpected.

수 상 : 글쎄요, 다른 점이라고 하면 각하께서는 아주 잘생기셨고 저는 그저 그렇다는 거죠.

계단을 올라간다.

수 상 : 참, 대통령 전용 비행기가 아주 부럽던데요.
대통령 : (웃으면서) 고맙습니다. 우리도 아주 좋아한답니다.

나탈리를 지나친다.

수 상 : 아, 나탈리, 안녕하세요.
대통령 : 안녕하십니까, 부인. 어떠세요, 오늘 하루가?

나탈리, 미소를 지으며 인사를 하고 계단을 내려간다.

대통령 : 아름답군요… (수상에게) 와우, 예쁘고 귀여운 여자네요. 허벅지를 봤어요?
수 상 : 네, 아주… 일을 잘하죠.

48. 낮. 다우닝 가. 작은 회의실. 내부
수상과 대통령을 포함, 영국의원들과 미국의원들이 탁자 주위에 앉아있다. 전문가들이 이야기를 하고 있다. 수상, 열심히 지켜보고 있다. 꽤 오랜시간 회의가 진행되고 있다. 주위에는 많은 파일과 종이가 놓여 있다.

미국 전문가 : 아니오, 그건 절대 아닙니다. 우리는 그것에 대해 협의할 수 없고 앞으로도 안 할 것입니다.
알렉스 : 그거는 예상 밖인데요.

- **sickeningly**
  아주.
- **whereas**
  ~에 반하여.
- **aunt Mildred**
  매력이 별로 없는 남자를 빗대어 일컬음.
- **by the way**
  그런데, 그건 그렇고.
- **pipe**
  〈속어〉 여자의 가슴(허벅지)을 일컬음.
- **intently**
  열심히, 골똘히.

She's terrific at her job.
그녀는 일을 아주 잘해요.
- be terrific at
  ~에 아주 능숙하다.
- be good at
  ~에 능숙하다.

이것만은 꼭!

She's terrific at her job.
그녀는 일을 아주 잘해요.

AMERICAN PRESIDENT : Well, it shouldn't be. The last administration made it perfectly clear. We're being consistent with their policies.

ALEX : With all respect, they were bad policies.

The Prime Minister is clearly on Alex's side, but he is taking his promised moderating stance.

PM : Right. Thanks, Alex. I don't think we're making progress here. Let's, erm... move on, shall we?

49. INT. PM'S OFFICE. 10 DOWNING STREET. NIGHT

The PM flops down on the couch. The president is sitting opposite him.

PM : Well, now that was an interesting day.

PRESIDENT : Sorry if our line was firm but there's no point in tiptoeing around today, then just disappointing you for four years. I have plans and I plan to see them through.

PM : Absolutely. Now, there's one final thing I think we should look at... very close to my heart. Just give me a second.

He gets up.

PRESIDENT : I'll give you anything you ask for. As long as it's not something I don't wanna give.

미국 대통령 : 그렇지 않을 텐데요. 지난 행정부에서는 이 문제에 대해 확실히 매듭지었는데요. 우리는 단지 그 정책과 일관적으로 하는 것뿐입니다.

알렉스 : 맞는 말씀이신 줄 알지만 이 정책들은 좋지 않은 정책입니다.

수상은 분명히 알렉스편이지만 약속대로 절제하는 태도를 보이고 있다.

수 상 : 그래요, 알렉스, 고마워요. 여기서 더 이상 진전이 없는 것 같으니까 다음으로 넘어갈까요?

49. 밤. 다우닝 가 10번지. 수상의 사무실. 내부
수상, 소파에 털썩 주저앉는다. 대통령이 맞은 편에 앉아있다.

수 상 : 참 흥미로운 하루였습니다.

대통령 : 우리의 입장이 너무 견고 했다면 용서하세요. 단지 오늘 조금 맞혀주고 다음 4년을 실망시키는 그런 일은 별 의미가 없다고 봅니다. 제가 계획한 일이 있고 그 일이 계획대로 되어지길 바랍니다.

수 상 : 물론 그러시겠죠. 마지막으로 중요한 한가지 사항을 살펴볼 것이 있습니다. 잠시만 기다려 주세요.

수상, 자리에서 일어난다.

대통령 : 요구하시는 것 뭐든지 들어 드리죠. 그것이 제가 주고 싶지 않은 것만 아니라면요.

- **the administration**
  행정부.
- **with all respect**
  맞는 말씀이신 줄 알지만.
  법정에서 재판관에게 이의를 제기할 때 흔히 들을 수 있는 표현이다.
- **stance**
  태도, 입장.
- **flop**
  털썩 주저 앉다.
- **line**
  입장, 태도, 선, 줄.
- **There's no point in tiptoeing around today, then just disappointing you for four years.**
  단지 오늘 조금 맞추어 주고 다음 4년을 실망시키는 그런 일은 별 의미가 없다고 봅니다.
  - tiptoe
    까치발로 걷다.
  - tiptoeing around
    조심스럽게 돌아가다. 여기서는 영국의 입장을 맞추어 준다는 의미로 표현.
  - disappoint
    실망시키다.
- **very close to my heart**
  (제가 생각하기에) 중요한.

As long as it's not something I don't wanna give.
단, 제가 주고 싶지 않은 것은 제외하고요.
- as long as ~한
- as long as you love me
  당신이 나를 사랑하는 한.

이것만은 꼭!

As long as it's not something I don't wanna give.
단, 제가 주고 싶지 않은 것은 제외하고요.

PM walks out into the corridor passing Natalie on the way with a tray of drinks. He waves at her in the awkward way.

PM : Hi.

The camera continues to follow him.

PM : Pathetic.

He goes into a door, enter a second office, grabs a file and walks back towards his study. He enters and something odd is going on. The president and Natalie are standing proximity, his hand is touching her hair. She blushes completely and moves a foot away.
Something weird happens to the sound of a second—this awful for the Prime Minister.

PRESIDENT : It's great Scotch.

NATALIE : I'll, erm... I'll be going then.

She begins to walk out, her head bowed, past the PM.

PRESIDENT : Natalie. I hope to see much more of you, as our two great countries work toward a better future.

NATALIE : Thank you, sir.

She leaves.
The PM is clearly quite shaken by what's happened, but the president stares nonchalantly back at him. The PM's face starts reveal a hardening determination.

50. INT. MEETING ROOM. 10 DOWNING STREET. DAY

We see PM and president enter the room together and stand at lecterns ready to answer the questions of the press. The PM looks very serious.

PM : Yes, Peter.

수상, 복도를 지나다가 음료를 들고 오는 나탈리를 지나친다. 수상, 나탈리에게 어색하게 손을 흔든다.

수 상 : 안녕하세요.

수상의 걸어가는 모습이 계속해서 비친다.

수 상 : 애처롭군.

수상, 두 번째 사무실로 들어가서 파일을 꺼내들고 다시 그의 연구실로 향한다. 수상, 방을 들어가자 묘한 분위기가 흐르고 있다. 대통령과 나탈리가 아주 가까이 서 있다. 대통령은 나탈리의 머리를 만지고 있고 나탈리는 얼굴을 붉히며 한 발자국 물러선다.
잠깐 사이에 일어난 이상한 일이다. 수상에겐 아주 언짢은 순간이다.

대통령 : 이 스카치 참 좋은데요.
나탈리 : 그럼, 전 가보겠습니다.

나탈리, 고개숙여 인사를 하고 수상을 지나 밖으로 나간다.

대통령 : 나탈리씨, 당신에 대해 더 많이 알았으면 좋겠네요. 우리 이 두 나라가 더 나은 미래를 위해 같이 일하는 것처럼 말이오.
나탈리 : 감사합니다, 각하.

나탈리, 방을 나간다.
수상, 방금 일어난 일에 의해 충격을 받는다. 대통령은 태연하게 수상을 쳐다본다. 수상의 얼굴에는 비장한 각오가 서려있다.

50. 낮. 회의실. 다우닝 가 10번지. 내부
기자회견실로 수상과 미국 대통령이 같이 들어와서 각자의 발언대 앞에 선다. 수상, 심각한 얼굴이다.

수 상 : 피터.

- **corridor** 복도.
- **awkward** 어색한.
- **pathetic** 애처로운.
- **grab** 집어들다.
- **odd** 이상한, 수상한.
- **blush** 얼굴이 빨개지다, 얼굴을 붉히다.
- **bow** 고개 숙여 인사하다.
- **stare** 응시하다, 주시하다.
- **nonchalantly** 아랑곳하지 않고, 무관심하게.
- **determination** 결단, 각오.
- **lectern** 발언대, 연설대.

I'll be going then.
그럼, 전 가보겠습니다.
= I have to go.
= I must go.

이것만은 꼭!

I'll be going then.
그럼, 전 가보겠습니다.

PRESS PERSON : Mr. President... has it been a good visit?

PRESIDENT : Very satisfactory indeed. We got what we came for and our special relationship is still very special.

PRESS PERSON : Prime Minister?

Pause.

PM : I love that word "relationship". Covers all manner of sins, doesn't it? I fear this has become a bad relationship. A relationship based on the president taking exactly what he wants and casually ignoring all those things that really matter to, erm... (He looks up. Through the crowd, at the back he spies Natalie.) Britain. We may be a small country but we're a great one, too. A country of Shakespeare, Churchill, the Beatles, Sean Connery, Harry Potter, David Beckham's right foot, David's Beckham's left foot, come to that. And a friend who bullies us is no longer a friend. And since bullies only respond to strength, from now onward. I will be prepared to be much stronger. And the President should be prepared for that.

Huge excited photographing and writing from the press—this is now a real story. At the back of the hall or behind them we see the cabinet members completely delighted, particularly Alex. The press all shout out to get the president's reaction.

기 자 : 대통령 각하, 이번 방문에 좋은 성과가 있으셨습니까?

대통령 : 네, 아주 만족합니다. 우리가 얻고자 하는 것을 얻었고 두 나라의 특별한 관계는 계속될 것입니다.

기 자 : 수상께서도 한 말씀하시죠?

잠시 침묵이 흐른다.

수 상 : 저는 그 '관계'라는 표현을 아주 좋아합니다. 죄의 모든 방법을 그 말로 덮을 수 있으니 말이죠. 대통령께서 말씀하신 그 관계가 각하께서 원하시는 것은 확실히 얻고 정말 영국이… (수상, 고개를 들어 군중들을 바라본다. 그리고 나탈리쪽을 힐끗 본다.) 정말 원하는 것을 모두 무시하는 그런 관계라면 유감스럽게도 두 나라의 관계는 그다지 좋지 않은 관계로 될 것 같습니다. 우리 나라가 좀더 작은 나라일 수는 있지만 우리 나라 역시 위대한 나라입니다. 셰익스피어, 처칠, 비틀스, 숀 코네리, 해리포터, 데이비드 베컴의 오른 발과 거기에 왼발까지 있는 나라. 우리를 협박하는 친구는 더 이상 친구가 아닙니다. 또한, 협박에 대응하려면 힘이 있어야 하므로 지금 이 순간부터 저는 훨씬 더 강해지기 위해서 준비할 것입니다. 그리고 대통령께서는 그에 대한 준비를 하셔야 할 것입니다.

기자들, 사진 찍고 기사 쓰기에 혈안이다 — 이 이야기는 실제 있었던 일이다. 기자실 뒤쪽에 있던 위원들, 특히 알렉스, 만족스러워한다. 기자들, 미국 대통령의 답변을 듣기 위해 소리친다.

- **satisfactory**
  만족스러운.
- **indeed**
  참으로, 진정으로.
- **based on**
  ~에 의거한, 기초를 둔.
- **spy**
  발견하다.
- **A friend who bullies us is no longer a friend.**
  우리를 협박하는 친구는 더 이상 친구가 아닙니다.
  - no longer.
    더이상 ~ 않다.
    = not any longer
  - bully
    협박하다, 못살게 굴다.
- **respond to**
  반응하다, 대응하다.
- **from now onward**
  지금 이후부터.
  - onward
    나아가서, 앞으로.
- **delighted**
  아주 기뻐하는.

We got what we came for.
우리가 얻고자 하는 것을 얻었습니다.
- come for
  ~할 목적으로 오다.
- What have you come for?
  무슨 일로 오셨어요?

이것만은 꼭!

We got what we came for.
우리가 얻고자 하는 것을 얻었습니다.

PRESS PERSON : Mr. President, Mr. President.

PM : Joe.

The PM looks across at him—the president looks back with a mixture of anger and new found respect. We see Natalie at the back, drop her head.

51. INT. PM'S OFFICE. 10 DOWNING STREET. NIGHT
A cluster of people around the PM in his office. His cabinet are very proud and over-excited. Enter his secretary.

PM'S SECRETARY : It's your sister on line four.

PM picks up.

PM : All right. Er, yes. I'm very busy and important, how can I help you?

52. INT. KAREN'S HOUSE. NIGHT
Karen on the phone.

KAREN : Have you gone completely insane?

PM : You can't be sensible all the time.

KAREN : You can if you're Prime Minister.

PM : Oh, dear. It's the Chancellor of the Exchequer on the other line.

KAREN : No, it isn't.

PM : I'll call you back.

KAREN : No, you won't.

She hangs up and turns to her husband, Harry.

기자들 : 대통령 각하, 대통령 각하.
수 상 : 조.

수상, 대통령을 쳐다본다. 대통령은 분노와 새삼 느낀 존경, 복잡한 표정으로 수상을 쳐다본다. 나탈리, 뒤에 서서 고개를 떨군다.

51. 밤. 다우닝 가 10번지. 수상의 사무실. 내부
수상 주위에 사람들이 둘러서 있다. 내각의원들 모두 흥분되어 있고 수상을 자랑스러워한다. 수상의 비서가 등장한다.

수상 비서 : 4번 라인에 누님 전화 연결되어 있습니다.

수상, 전화를 받는다.

수 상 : 난데, 나 지금 많이 바쁘고 중요한 일이… 왜 전화했어?

52. 밤. 카렌의 집. 내부
카렌, 전화 통화 중이다.

카 렌 : 너, 정말 정신 나갔니?
수 상 : 항상 제정신일 순 없지.
카 렌 : 그래야지, 수상이라면.
수 상 : 어, 누나 지금 재무부장관 전화를 받아야 해서.
카 렌 : 거짓말 마.
수 상 : 내가 나중에 전화할게.
누 나 : 안 할거면서.

카렌, 전화를 끊고 그녀의 남편, 해리를 본다.

- **cluster**
  무리, 집단.
- **overexcited**
  지나치게 흥분한.
- **sensible**
  분별 있는, 판단력이 있는.
- **the Chancellor of the Exchequer**
  재무 장관.
  - Chancellor
    장관.

I'll call you back.
나중에 전화할게.
= I'll ring you back.

이것만은 꼭!

I'll call you back.
나중에 전화할게.

KAREN : The trouble with being the Prime Minister's sister is that it does put your life into rather harsh perspective. What did my brother do today? He stood up and fought for his country. And what did I do? I made a papier-mâché lobster head.

HARRY : What is this we're listening to?

KAREN : Joni Mitchell.

HARRY : I can't believe you still listen to Joni Mitchell.

KAREN : I love her and true love lasts a lifetime. Joni Mitchell is the woman who taught your cold English wife how to feel.

HARRY : Did she? Oh, well, that's good. I must write to her sometime and say thanks.

KAREN : Now, which doll shall we give for Daisy's little friend Emily? The one that looks like a transvestite, or the one that looks like a dominatrix?

53. INT. PM'S BEDROOM. NIGHT
The Prime Minister very casual, very alone. The radio is switching on by his bedside. It is the news.

RADIO VOICE : ...It's almost enough to make you feel patriotic. So, here's one for our arse-kicking prime minister. I think he'll enjoy this. A golden oldie for a golden oldie....

In kicks a cracking tune—"Jump" by the Pointer Sisters.
At first the PM hardly reacts but then as the song continues he begins to join in little ways. He starts to dance.

카 렌 : 수상의 누나가 된다는 것은 비판적인 관점으로 모든 걸 보게 되는 게 문제야. 오늘 내 동생이 무슨 일을 한 거야. 자기 나라를 위해 당당히 맞서 싸웠는데. 나는 뭘 했지? 나는 종이로 가재머리나 만들고.

해 리 : 우리가 듣고 있는 노래는 무슨 노래야?

카 렌 : 조니 미첼.

해 리 : 당신이 아직도 조니 미첼 음악을 듣고 있다니 믿을 수가 없군.

카 렌 : 난 이 가수가 좋아요. 진정한 사랑은 평생간다구요. 조니 미첼은 당신의 차가운 영국아내를 감성적일 수 있도록 가르쳤어요.

해 리 : 그래? 그럼 다행이네. 언젠가 고맙다는 편지를 써줘야겠네.

캐 런 : 데이지 친구 에밀리한테 어떤 인형을 선물할까? 복장 도착자같이 생긴 것 아니면 여전사 같은 것?

53. 밤. 수상의 침실. 내부

편한 옷차림을 한 수상, 외로워 보인다. 침대 옆의 라디오에서는 뉴스가 나오고 있다.

라디오 : … 당신이 마치 애국자인것처럼 생각하게 합니다. 잘나가는 수상을 위한 노래입니다. 제 생각에는 수상께서 좋아하실 것 같습니다. 중년들을 위한 흘러간 노래입니다.

멋있는 멜로디가 시작된다. 그룹 포인터 시스터즈의 "Jump"가 흘러나온다. 수상, 처음에는 아무런 반응이 없다가 춤추기 시작한다.

- **papier-mâché**
  혼응지(송진과 기름을 먹인 딱딱한 종이).
- **True love lasts a lifetime.**
  진정한 사랑은 평생 간다구요.
  - lifetime=forever
    영원히.
  - last
    남다, 오래 가다.
- **transvestite**
  복장 도착자.
- **dominatrix**
  여자 지배자.
- **casual**
  가벼운 옷차림의.
  - casual wear
    평상복.
- **patriotic**
  애국심이 강한, 애국적인.
- **oldie**
  흘러간 노래, 나이 지긋한 사람.
- **cracking**
  멋있는, 굉장한.
- **tune**
  곡, 멜로디, 가곡.

He stood up and fought for his country.
그는 자기 나라를 위해 당당히 맞서 싸웠다.
- stand up for
  ~을 위해 맞서다.
- fight for
  ~을 위해 싸우다.

이것만은 꼭!

He stood up and fought for his country.

그는 자기 나라를 위해 당당히 맞서 싸웠다.

Natalie.
I hope to see much more of you,
as our two great countries work
toward a better future.

I love that word "relationship". Covers all manner of sins, doesn't it? I fear this has become a bad relationship. A relationship based on the president taking exactly what he wants and casually ignoring all those things that really matter to, erm... Britain. We may be a small country but we're a great one, too. A country of Shakespeare, Churchill, the Beatles, Sean Connery, Harry Potter, David Beckham's right foot, David's Beckham's left foot, come to that. And a friend who bullies us is no longer a friend. And since bullies only respond to strength, from now onward. I will be prepared to be much stronger. And the President should be prepared for that.

54. INT. DOWNING STREET STAIRCASE. NIGHT
The staircase, the PM funks down it.

55. INT. DOWNING STREET CORRIDOR. NIGHT
The PM dances across room through one door out another.

56. INT. BIG MEETING ROOM. 10 DOWNING STREET. NIGHT
The PM is still dancing. When he realises his secretary is there, he stops dancing.

PM : Yeah.... Ahm.... Mary, I've been thinking. Can we move the Japanese ambassador to four o'clock tomorrow?

MARY : Certainly, sir.

PM : Terrific. Thanks so much.

54. 밤. 다우닝 가 계단. 내부
수상, 계단에서 춤을 추고 있다.

55. 밤. 다우닝 가 복도. 내부
수상, 방을 돌아다니며 춤을 추고 있다.

56. 밤. 다우닝 가 10번지. 대회의실. 내부
수상, 계속 춤을 추고 있다. 비서가 있는 것을 보고 멈춘다.

수 상 : 저기… 음… 메리. 일본 대사와의 회의를 내일 오후 4시로 옮겼으면 좋겠는데요.

메 리 : 그러시죠, 각하.

수 상 : 그래요. 고마워요.

■ **funk**
(음악에 따라) 기분 좋게 몸을 흔들다.

■ **ambassador**
대사.

Movie Talk

다우닝 가 10번지

10 Downing Street

이 장 마지막 신(scene)에서 수상이 춤추며 내려오는 계단은 다우닝 가의 유명한 볼거리 중의 하나이다. 계단의 벽에는 역대 수상의 초상화가 시대순으로 나열되어 있다. 현직 수상이 제일 위에 걸려 있고 밑에는 관료들의 초상화가 걸려 있다.

'내각'은 정부 정책을 제어하고 결정할 수 있는 권한을 가진 원로들로 구성된다. 그것은 처음 '회의실'로 불렸다. 중요한 회의가 이루어지는 곳인 만큼 방음처리가 된 이중문으로 다른 사무실과 분리되어 있다. 현재, 각료 회의가 매주 목요일 오전에 이곳에서 열린다.

다우닝 가의 출입문은 또 하나의 자랑거리이다. 검은색과 흰색의 체크 무늬 바닥은 그것을 좀더 특별한 곳으로 느끼게 해준다. 출입문에는 문을 열고 닫아주는 사람이 항상 대기하고 있으며 수상조차도 그것의 열쇠를 가지고 있지 않다.

One of the places where PM dances at the end of this chapter is the Grand Staircase which is one of the most well-known features of Downing Street. As shown in the picture, portraits of every Prime Minister line the walls. They are hung in chronological order, with the most recent incumbents at the top, and group photographs of Cabinets and imperial conferences at the bottom.

The "Cabinet" is the special committee of senior Ministers who are responsible for making and controlling government policy. It was originally called the Council Chamber. Since this is the place where the committee has important meetings, it is separated from the rest of the house by soundproofed double doors. At present a Cabinet meeting is held weekly on Thursday mornings.

The front entrance is another world-famous feature of 10 Downing Street. The black and white chequered marble floor inside makes it more unique. There is always someone such as security on duty to let people in. Not even does the Prime Minister have the keys to the doors.

ost

Jump

Sung by Girls Aloud

Your eyes, tell me how you want me
I can feel it in your heart beat
I know you like what you see
Hold me, I'll give you all that you need
Wrap your love around me
You're so excited,
I can feel you getting hotter, oh baby
I'll take you down, I'll take you down
Where no one's ever gone before
And if you want more, if you want more
More, more
Then, Jump!
For my love
Jump in!
And feel my touch
Jump, if you want to taste my kisses in the night then,
Jump for my love
I know my heart can make you happy
Jump in!
You know these arms can feel you up
Jump, if you want to taste my kisses in the night then,
Jump! For my love

You told me, I'm the only woman for you
Nobody does you like I do
Then make a move before you try
And go much farther, oh baby
You are the one, you are the one
And heaven waits here at my door
And if you want more,
If you want more, more, more
  Then, Jump!
  For my love
  Jump in!
  And feel my touch
  Jump, if you want to taste my kisses in the night then,
  Jump for my love
  I know my heart can make you happy
  Jump in!
  You know these arms can feel you up
  Jump, if you want to taste my kisses in the night then,
  Jump! For my love
When you are next to me, (Oooo)
Oh, I come alive (yeah)
Your love hurts inside (Oooo)
Oh, it feels so right (Yeah)
Come to me if you want me tonight (Jump)
  I know my heart can make you happy
  Jump in!
  You know these arms can feel you up
  Jump, if you want to taste my kisses in the night then,
  Jump! For my love

Chapter 4

The Secret Love Comes Out

밝혀진 사랑

Movie Talk

영국 역대 수상

Prime Ministers in England

ost

Here with Me

Sung by Dido

Chapter 4

밝혀진 사랑

The Secret Love Comes Out

시간 00:45:42 ~ 01:01:40

57. INT. FARMHOUSE IN FRANCE. MORNING
Jamie is eating breakfast. Aurelia enters and takes his coffee cup off the pile of papers.

JAMIE : Would you like the last, er...?

He offers her a croissant. She smiles. (From now on when the characters speak in Portuguese, it's in English.)

AURELIA : Thank you very much but no. If you saw my sister, you'd understand why.

JAMIE : That's all right, more for me.

AURELIA : Just don't go eating it all yourself, you're getting chubbier every day.

JAMIE : I'm very lucky I've got one of those constitutions where I never put on weight.

57. 아침. 프랑스의 농가. 내부

제이미, 아침을 먹고 있다. 오렐리아가 들어온다. 종이 더미에서 커피컵을 내려 놓는다.

제이미 : 마지막 남은 하나… 드실래요?

제이미, 오렐리아에게 크루아상을 권한다. 오렐리아, 미소를 짓는다. (지금부터 등장인물들이 포르투칼어로 말할 때 영어로 표기한다.)

오렐리아 : 아니요. 고맙습니다. 만약 제 여동생을 보셨다면 제가 왜 안 먹는지 아실 거예요.

제이미 : 괜찮아요. 제가 더 먹으면 되죠.

오렐리아 : 혼자 다 드시진 마세요. 요즘 들어 살이 좀 찌시는 것 같아요.

제이미 : 난 다행이에요. 살이 안 찌는 체질이거든요.

- croissant
  크루아상(= crescent (roll)) (초승달 모양의 롤빵).
- get chubbier
  점점 뚱뚱해지다.
- constitution
  체질, 골격.
- put on weight
  살이 찌다.
  • put on
  ~이 늘다, ~을 늘리다.
  ex) put on speed
  가속하다.

She looks at him and smiles. The phone rings. He picks up the telephone.

JAMIE : Hello?

It's actually his mobile, which is still ringing. The laugh. And they search for it, eventually finding it in between the pages of a manuscript. Jamie finally answers.

JAMIE : Hello?

58. EXT. GARDEN. FRENCH FARMHOUSE. DAY

Jamie is typing outside in a jumper, putting the finished papers under his coffee cup. It's a lovely big garden, with a lake. Aurelia comes with a fresh cup of coffee and takes the old cup off under the pile of papers.

JAMIE : Thank you.

Moving the cup suddenly lets all the papers fly. Aurelia leaps to grab them, and so does he. But the pages are flying away and heading in the direction of the lake at the end of the garden.

AURELIA : O my God. O my God. I'm so sorry.

JAMIE : (worried) O no. Hold on. God, it's half the book. O no.

She runs trying to catch some of them, but a huge heap have headed into the water.

JAMIE : (calling out) Just leave them, please! They're not important. They're not worth it. Stop! Stop.

Jamie starts to head after her. She gets to the water's edge and hesitates for a moment, then whips off her dress. Jamie watches and is a bit surprised to look at her beautiful body.

오렐리아, 제이미를 보고 다정하게 웃는다. 전화가 울린다. 제이미, 전화기를 집어든다.

제이미 : 여보세요.

집전화가 아닌 그의 핸드폰이다. 전화벨이 계속 울리고 있다. 둘이 웃는다. 둘이서 같이 핸드폰을 찾는다. 원고 사이에서 전화기를 찾아낸다. 제이미, 전화를 받는다.

제이미 : 여보세요.

58. 낮. 프랑스의 농가. 정원. 외부

제이미, 밖에서 원고를 쓰고 다 쓴 원고는 커피컵 밑에 놓는다. 호수가 보이는 아름다운 정원이다. 오렐리아, 새로 만든 커피를 가지고 와서 마신 커피잔과 바꾸어 간다.

제이미 : 고마워요.

오렐리아가 컵을 들자마자 원고들이 바람에 날아간다. 오렐리아, 종이를 잡으려 쫓아간다. 제이미, 역시 종이를 잡으려 쫓아간다. 수많은 원고들이 바람에 날려 정원 끝에 있는 호수쪽으로 간다.

오렐리아 : 어머나. 정말 죄송해요.

제이미 : (걱정하며) 어, 어 이런. 책 반 권 정도는 되는데…….

오렐리아, 날아가는 종이를 잡으려고 달려가지만 대부분의 종이가 물속으로 빠진다.

제이미 : (소리치며) 그냥 둬요. 별로 중요하지 않아요. 별거 아니에요. 그냥 두세요.

제이미도 그녀를 따라간다. 오렐리아, 물가에서 잠시 머뭇거리다가 옷을 벗는다. 제이미, 오렐리아의 아름다운 몸매를 보고 놀란다.

- **mobile**
  이동 전화, 휴대폰.
- **manuscript**
  원고.
- **leap**
  뛰어가다, 뛰어오르다.
- **grab**
  붙들다, 잡아채다.
- **half**
  절반.
- **heap**
  무더기, 다수.
- **whip off**
  갑자기 옷을 벗다.

They're not worth it.
별거 아니에요.
- worth
  가치가 있는.
- be worthy of
  ~할 만한 가치가 있다.

이것만은 꼭!

They're not worth it.

별거 아니에요.

JAMIE : It's all just rubbish. Just leave it.

But she dives in.

JAMIE : O God. She's in.

He heads towards the water pulling his jumper off.

JAMIE : And now she'll think I'm a total spaz if I don't go in too.

AURELIA : Fuck! it's cold!

Jamie jumps in clumsily.

JAMIE : Fuck, it's freezing. Fuck!

They swim around after the floating papers.

AURELIA : This stuff better be good.

JAMIE : It's not worth it, you know, it isn't bloody Shakespeare.

AURELIA : I don't want to drown saving some shit my grandmother could have written.

JAMIE : Just stop! Stop!

AURELIA : What kind of an idiot doesn't make copies?

JAMIE : I really must do copies. There'd better not be eels in here. I can't stand eels.

AURELIA : Try not to disturb the eels.

제이미 : 그거 별거 아니에요. 그냥 두세요.

오렐리아, 물 속으로 뛰어든다.

제이미 : 맙소사, 물에 들어갔네.

제이미, 점퍼를 벗으며 호수쪽으로 간다.

제이미 : 내가 따라서 들어가지 않으면 나를 완전히 비겁하다고 생각하겠지…….
오렐리아 : 젠장! 차갑네.

제이미, 서투르게 물속으로 뛰어든다.

제이미 : 젠장, 얼음장 같네. 제기랄.

물위에 떠 있는 종이쪽으로 헤엄친다.

오렐리아 : 물론, 좋은 작품이겠죠.
제이미 : 이럴 만한 가치는 없어요. 뭐 대단한 셰익스피어 작품도 아니고…….
오렐리아 : 우리 할머니께서도 쓸 정도의 책 때문에 이러긴 싫어요.
제이미 : 됐어요. 이제 그만해요.
오렐리아 : 사본도 안 만들어 놓은 바보가 어딨어요?
제이미 : 정말 복사를 해두어야겠네. 저기 여기 장어같은 것은 없겠죠? 나는 장어를 정말 싫어해요.
오렐리아 : 참, 장어 깨우지 않도록 조심하세요.

- **rubbish**
  시시한, 소용없는.
- **spaz**
  바보.
- **stuff**
  (문학 · 예술 등의) 작품.
- **bloody**
  〈영〉 엄청난, 지독한, 대단한.
- **idiot**
  바보, 얼간이.
- **eel**
  장어.
- **disturb**
  방해하다.

I can't stand eels.
나는 장어를 정말 싫어해요.
• can't stand
참을 수가 없다, 아주 싫어한다.
ex) I can't stand horror movies.
나는 공포 영화를 아주 싫어해요.

이것만은 꼭!

I can't stand eels.

나는 장어를 정말 싫어해요.

JAMIE : Oh, what the hell is that?

As he thinks he feels an eel.

59. INT. LIVING ROOM. DAY
Cut to a few minutes later Jamie comes in from the kitchen with a cup of coffee. She's in a chair near his table with rug over her shoulder.

JAMIE : Thank you. Thank you so much. I know. I'll name one of the characters after you.

AURELIA : Maybe you could name one of the characters after me. Or give me 50% of the profits.

JAMIE : Or I could give you 5% of the profits.

AURELIA : What kind of book is it?

She points to the pages and mimes tears and laughter.

AURELIA : Mm.... Romance.

JAMIE : Ah, yes. It's erm....

He gets what she's saying, mimes a stabbing knife.

AURELIA : Ah, er... thriller... crime....

JAMIE : Yes. Sim. Crime. Crime, murder.

AURELIA : Frightening?

She mimes a scared face.

JAMIE : Scary? Yes, sometimes scary. And, er, sometimes not. Mainly scary how bad the writing is.

제이미 : 오, 맙소사. 이건 도대체 뭐야?

제이미, 장어가 있다는 생각에 놀란다.

59. 낮. 거실. 내부
잠시 후 제이미, 커피를 가지고 부엌에서 들어온다. 오렐리아, 그의 책상 근처에 있는 의자에 담요를 두르고 앉아 있다.

제이미 : 고마워요. 정말. 등장인물 중 한 사람 이름은 당신 이름을 따서 지을게요.

오렐리아 : 등장인물 중 한 사람을 제 이름을 따서 지으셔도 좋고 아니면 이익금의 50%를 주셔도 좋아요.

제이미 : 아니면 이익금의 5%를 주든지…….

오렐리아 : 어떤 종류의 책이에요?

오렐리아, 원고를 가르키며 울고 웃는 흉내를 한다.

오렐리아 : 연애 소설?

제이미 : 아, 네…….

제이미, 그녀의 말을 알아듣고 칼로 누군가를 찌르는 흉내를 낸다.

오렐리아 : 어, 공포… 범죄…….

제이미 : 네 범죄, 살인…….

오렐리아 : 무서운 거예요?

오렐리아, 겁에 질린 얼굴의 흉내를 낸다.

제이미 : 무섭냐구요? 어떤 때는 무섭죠. 어떤 때는 안 무섭고. 주로 무서운 거예요. 글솜씨가 별로 안 좋아요.

- **name after**
  ~의 이름을 따서 짓다.
- **profits**
  이익, 이익금.
- **stab**
  칼로 찌르다.
- **frightening**
  무서운.
- **scary**
  무서운, 두려운.

What the hell is that?
이건 도대체 뭐야?
• hell
도대체(놀라움 · 노여움을 나타낸다).
ex) Where the hell were you?
도대체 어디에 있었니?

이것만은 꼭!

What the hell is that?

이건 도대체 뭐야?

A slightly awkward pause. She starts to get up.

AURELIA : I'd better get back to work. And then later you'll drive me home?

JAMIE : Sure.

She mimes driving. He nods "yes". They look at each other.

JAMIE : It's my favorite time of day, driving you.

AURELIA : It's the saddest part of my day, leaving you.

60. INT/EXT. CAR & FRENCH SCENERY

They drive along. She looks at him. He looks at her—her hair still wet. She catches him looking at her. They both look away.

61. INT. MARK'S FLAT. DAY

Mark is at home. He is watchng Billy's video for "Christmas Is All Around" on Saturday morning TV.

PRESENTER : (VO) And coming up later this morning, it's this guy. (The song, "Christmas Is All Around," is played.) The bad grandad of rock-'n'-roll, here at 10:30. Do not switch off.

The doorbell goes. He switches the TV off and heads to the door and opens it. It's Juliet.

JULIET : Banofee pie?

MARK : No, thanks.

잠시 어색한 분위기가 흐른다. 오렐리아, 일어난다.

오렐리아 : 이제 일을 해야겠어요. 나중에 집에 데려다 주실거죠?

제이미 : 그럼요.

운전하는 흉내를 낸다. 제이미, 고개를 끄덕인다. 서로를 바라본다.

제이미 : 하루 일과 중 가장 좋아하는 일은 당신을 데려다주는 일이에요.

오렐리아 : 하루 일과 중 가장 슬픈 일은 당신과 헤어지는 거예요.

60. 차 & 프랑스 풍경. 내부/외부

차로 이동중이다. 오렐리아, 제이미를 바라본다. 그도 역시 오렐리아를 쳐다본다. 오렐리아의 머리는 아직도 젖어있다. 오렐리아를 보고 있는 제이미와 눈이 마주치자 그들은 모두 다른 곳으로 눈을 돌린다.

61. 낮. 마크의 아파트. 내부

마크, 집에서 토요일 아침 TV에서 나오는 빌리의 '성탄절은 어디에나 있어요'를 보고 있다.

사회자 : (목소리만) 잠시 후에 이 노래('성탄절은 어디에나 있어요'가 나온다)의 주인공이 나옵니다. 10시 반, 여기에서 옛 록가수를 만나실 수 있습니다. TV를 끄지 마세요.

초인종이 울린다. 마크, TV를 끄고 문으로 걸어가 문을 연다. 줄리엣이 서 있다.

줄리엣 : 바노피 파이?

마 크 : 괜찮아.

- **awkward**
  어색한.
- **nod**
  고개를 끄덕이다.
- **grandad**
  나이 많은 남자.
- **rock-'n'-roll**
  로큰롤.
- **switch off**
  전원을 끄다.

I'd better get back to work.
이제 일을 해야겠어요.
- had better+동사원형
  ~편이 낫다.
- get back to work
  다시 일을 시작하다.

이것만은 꼭!

I'd better get back to work.

이제 일을 해야겠어요.

JULIET : Thank God. It would've broken my heart if you'd said "yes".

MARK : Right. Well, lucky you.

JULIET : Can I come in?

MARK : Er, yeah, well, I'm a bit busy....

Juliet comes in anyway.

JULIET : I was just passing and I thought we might check that video thing out. I thought I might be able to swap it for some pie, or maybe... (producing them from her pocket) Munchies?

MARK : Actually, I was being serious. I don't know where it is. I'll have a poke around tonight.

JULIET : Mark, can I say something?

MARK : (not comfortable) Yeah.

JULIET : I know you're Peter's best friend. And I know you've never particularly warmed to me. (he demurs) Don't, don't argue. We've never got... friendly. But I just wanted to say, I hope it can change. I'm nice I really am. Apart from my terrible taste in pie and.... It would be great if we could be friends.

MARK : (a bit coldly) Absolutely. Absolutely.

JULIET : Great....

She's a bit hurt how little he has given back. But it just sums up how little he likes her.

줄리엣 : 다행이다. 네가 먹는다고 했으면 내가 슬펐을 텐데.
마 크 : 그래. 그럼 다행이네.
줄리엣 : 나 들어가도 돼?
마 크 : 어… 어… 좀 바쁜데…….

줄리엣, 마크의 말에 상관없이 들어온다.

줄리엣 : 지나가다가 비디오 한번 찾아보면 어떨까해서 들렀어. 파이랑 바꾸면 되겠다 싶어서, 아니면(주머니에서 꺼내며) 스낵이랑 바꾸던지…….
마 크 : 실은 정말이야. 비디오가 어디 있는지 정말 모르겠어. 오늘 밤에 한번 찾아보고…….
줄리엣 : 마크 뭐 하나 얘기해도 돼?
마 크 : (탐탁치 않은 목소리로) 어… 그래…….
줄리엣 : 네가 피터의 가장 친한 친구인 줄 알어. 그리고 네가 한 번도 나한테 특별히 따뜻하게 대해주지 않았다는 것도 알아. (마크, 말을 하려한다.) 말대꾸하지 마. 우리가 한 번도 친한 사이가 된 적은 없지만 이제는 좀 바뀌었으면 좋겠어. 나, 괜찮은 사람이야. 파이에 대한 이상한 취향말고는. 정말 좋은 친구가 됐으면 정말 좋겠어.
마 크 : (조금 차갑게) 그래 그러지.
줄리엣 : 잘됐다.

그의 반응에 줄리엣은 조금 상처를 받는다. 마크가 줄리엣을 그다지 좋아하지 않는다는 결론을 내리게 된다.

- **broken heart**
  슬픈 마음, 상처받은 마음.
- **lucky you**
  (상대방의 입장에서) 다행이네, 좋겠네.
  - lucky me
    (당사자의 입장에서) 다행이다.
- **swap**
  맞바꾸다, 교환하다.
- **Munchies**
  스낵 과자. 여기서는 '상표명'인 듯함.
- **demur**
  이의를 제기하다.
- **apart from**
  별도로, ~은 별문제로 하고.
- **sum up**
  결론을 내리다. 요약하다.

I'll have a poke around tonight.
오늘 밤에 한번 찾아볼게.
- poke around
  뒤지다, 찾아 헤매다.
  〈영〉 poke about

이것만은 꼭!

I'll have a poke around tonight.

오늘 밤에 한번 찾아볼게.

MARK : It doesn't mean we'll be able to find the video, though. I had a real search when you first called and couldn't find any trace of it. So....

JULIET : There's one here that says "Peter and Juliet's Wedding". Do you think we might be on the right track?

MARK : Er, yeah, well.... Wow. That... that could be it.

JULIET : Do you mind if I just....

She moves towards the telly and puts tape into the machine.

MARK : I've probably taped over it. Almost everything's episodes of West Wing on it now.

She sits. He stands as the video starts to play. It begins with a shot of her coming down the aisle.

JULIET : Oh, bingo. That's lovely. Well done, you!

And a shot of her during the priestly stuff....

JULIET : Oh, that's gorgeous. Thank you so much, Mark. This is exactly what I was hoping for. I look quite pretty.

He stands silently in the background. One closes up after another of Juliet.

JULIET : You've stayed rather close, haven't you?

She looks round and afterwards, mark puts his face into his hands. He's looking at her.

마 크 : 그렇다고 그 얘기가 비디오를 찾을 수 있다는 뜻은 아니야. 네가 처음 그것 때문에 전화했을 때 찾아봤는데 전혀 찾을 수가 없었어. 그래서…….

줄리엣 : 여기 '피터와 줄리엣 결혼식'이라고 쓰여 있네. 이거 아니야?

마 크 : 어, 글쎄… 그거 일 수도 있겠네.

줄리엣 : 틀어봐도 괜찮지…….

줄리엣, TV쪽으로 가서 테이프를 비디오기계에 넣는다.

마 크 : 아마 내가 다른 걸 거기에 녹음한 것 같애. 거의 "왼쪽 날개" 에피소드로 돼있을 거야.

줄리엣은 앉아 있고 마크는 서 있다. 줄리엣이 걸어나오는 모습으로 비디오가 시작된다.

줄리엣 : 어 맞네. 이쁘다. 잘 찍었네!

주례사 동안에 그녀의 모습이 보인다.

줄리엣 : 예술이다. 정말 고마워 마크. 이게 바로 내가 원하던 거야. 나 꽤 이쁘게 보이는데.

마크, 뒤에 서서 아무 말이 없다. 비디오에는 확대된 줄리엣의 모습이 계속해서 나오고 있다.

줄리엣 : 꽤 가까이서 찍었네.

줄리엣이 고개를 돌리자 마크, 자기 손에 얼굴을 묻고 나서 줄리엣을 쳐다본다.

- **trace**
  흔적.
- **mind**
  ~하는 것을 꺼려하다.
  - Do you mind opening the window?
    창문을 열어도 괜찮겠습니까?
- **telly**
  텔레비전(영국 구어).
- **tape over**
  겹쳐서 녹화하다.
- **bingo**
  맞았다!
- **priestly stuff**
  주례 순서.
  - priestly
    성직자의.
- **rather**
  꽤.

Do you think we might be on the right track?
이거 아니야?
- on the right track
  타당한, 바른 사고 방식으로.

이것만은 꼭!

Do you think we might be on the right track?

이거 아니야?

The camera moves to Juliet's divine laughing, blushing face... all the time. There's no one else in this video—and now everything is becoming clear.
Then cut to Juliet during that first dance we glimpsed just her face, Peter's back just coming into frame momentarily once in a while.
Juliet dressed in going away clothes, walking, waving goodbye.

JULIET : They're all of me.

MARK : Yeah. Yeah. Yes.

The tape comes to an end, turns into a flicker.
Pause. They are both frozen.

JULIET : But... you never talk to me. You always talk to Peter. You don't like me.

Pause.

MARK : I hope it's useful. Don't show it around too much. Needs... a bit of editing. Look, I've got to get to a... lunch. Early lunch. You can just show yourself out, can't you? (he heads towards the door, then turns.) It's a... self-preservation thing, you see.

62. EXT. MARK'S FLAT/STREET. DAY

Cut to outside the house. Mark hesitates and turns to go back a couple of times but finally walks away. Sad music plays. He heads through the Coin Street shops to the river's edge.

비디오 안의 카메라는 계속해서 줄리엣의 환하게 웃는 모습을 비추고 있다. 비디오에는 온통 줄리엣뿐이다. 모든 것이 분명해진다.
처음, 춤을 추는 줄리엣의 얼굴이 보이고 피터는 단지 뒷모습만 잠시 잠깐 보인다.
신혼여행을 위한 복장의 줄리엣, 걸으며 손을 흔드는 모습이 나온다.

줄리엣 : 온통 나밖에 없네.

마 크 : 어, 그래.

비디오가 끝나고 화면이 깜박거린다.
침묵이 흐른다. 둘 다 아무 말이 없다.

줄리엣 : 나한테는 말도 한 번 안 했잖아. 피터하고만 얘기하고. 넌 나 좋아하지 않잖아.

아무 말이 없다.

마 크 : 좀 볼만했었다면 좋겠다. 주위에 너무 많이 보여주진 마. 손 좀 봐야될 거야. 있잖아, 나 저기 점심…을 먹어야 되서……. 이른 점심. 나가는 문 어딘 줄 알지? (문쪽으로 가다가 돌아서서) 너도 알다시피 이건 혼자만 가지려 했던 거야.

62. 낮. 마크의 집/거리. 외부
집에서 나온 마크는 다시 들어갈까 몇 번 망설이다가 결국 걸어나온다.
슬픈 노래가 흐른다. 마크, 코인 길의 상점들을 지나 강가로 간다.

- **divine**
  아름다운, 멋진.
- **glimpse**
  힐끗 보다, 살짝 보다.
- **momentarily**
  잠시, 잠깐 동안.
- **flicker**
  화면이 깜빡거리다.
- **editing**
  편집.
- **preservation**
  보존.
- **hesitate**
  망설이다, 주저하다, 머뭇거리다.

You can just show yourself out, can't you?
나가는 문 어딘 줄 알지?
- show somebody out
  나가는 문을 보이다. 즉, 문을 열어 주거나 문까지 안내해 주는 것을 의미함.
- Please show him out.
  그를 나가는 문으로 안내해 주세요.

이것만은 꼭!

You can just show yourself out, can't you?
나가는 문 어딘 줄 알지?

63. INT. PM'S OFFICE. 10 DOWNING STREET. DAY
A door has a knock on it. It's Annie.

PM : Yeah. Annie, my darling, my dream, my boat. Ah... need you to do a favour for me?

ANNIE : Of course. Anything for the hero of the hour.

PM : Don't ask me why, and for heaven's sake don't read stuff into this. It's just a weird... personality thing. But, er, you know Natalie who works here.

ANNIE : The chubby girl.

PM : Ooh, would we call her chubby?

ANNIE : I think there's a pretty sizeable arse there, yes, sir. Huge thighs.

PM : Yeah, well, whatever, er... I'm sure she's a lovely girl. But I wonder if you could, er... redistribute her....

ANNIE : It's done.

She leaves. He takes in what he's done.

64. INT. DANIEL'S HOUSE. NIGHT
Daniel is in his room, very late. He is looking sadly at a picture of his Joanna. The door opens. Sam enters in his pyjamas.

DANIEL : Hey, Sammo. Can't sleep?

SAM : I got some terrible news today.

DANIEL : Let's have it.

SAM : Joanna's going back to America.

DANIEL : Your girl's American?

SAM : Yes, she's American. And she's not my girl. And she's going back to America. That's the end of my life as I know it.

63. 낮. 다우닝 가 10번지. 수상의 사무실. 내부
노크 소리가 난다. 애니가 들어온다.

수 상 : 나의 사랑하는 애니, 부탁 좀 들어줘요?
애 니 : 이 시대의 영웅을 위해서라면 뭐든지요.
수 상 : 이유는 묻지 말고 또 괜한 상상하지 말고요. 좀 이상한… 성격 때문에 그래요. 여기서 일하는 나탈리라고 알죠?
애 니 : 뚱뚱한 여자요?
수 상 : 그 사람이 뚱뚱한가요?
애 니 : 제 생각엔, 엉덩이가 좀 크고 허벅지도 크고…….
수 상 : 그래요. 그렇다고 하고. 분명 좋은 여자일 거예요. 근데, 혹시 다른 부서로 옮길 수 있을까해서…….
애 니 : 그렇게 하겠습니다.

애니, 나간다. 수상, 자기가 한 일을 받아들인다.

64. 밤. 다니엘의 집. 내부
늦은 시간, 다니엘은 자기의 방에 있다. 조안나의 사진을 슬프게 바라보고 있다. 문이 열리고 잠옷 차림의 샘이 들어온다.

다니엘 : 샘, 잠이 안오니?
샘 : 오늘 좋지 않은 소식을 들었어요.
다니엘 : 뭔데?
샘 : 조안나가 미국으로 돌아간대요.
다니엘 : 네 여자 친구가 미국인이었니?
샘 : 네, 미국인이에요. 그리고 조안나는 내 여자 친구가 아니에요. 그 애가 미국으로 돌아간다구요. 이제 제 인생은 끝이에요.

- **hero of the hour**
  이 시대의 영웅.
- **weird**
  이상한.
- **pyjamas**
  잠옷(= 〈미〉 pajamas).
- **Let's have it.**
  뭔데?
  • Let's hear it.
  한번 들어보자.

I wonder if you could redistribute her....
혹시 다른 부서로 옮길 수 있을까해서…….
• redistribute
재분배하다.
• I wonder if
~할 수 있을까요?
• I was wondering if you could give me your phone number.
혹시 당신의 전화번호를 저한테 알려 주실 수 있을까요?

이것만은 꼭!

I wonder if you could redistribute her....
혹시 다른 부서로 옮길 수 있을까해서…….

She runs trying to catch some of them,
but a huge heap have headed into the water.

Banofee pie?

They're all of me.

I will miss you and your very slow typing...
and your very bad driving....

DANIEL : That is bad news. Well, we need Kate and we need Leo, and we need them now. Come on.

65. INT. LIVINGROOM. DANIEL'S HOUSE. NIGHT
They are watching "Titanic" where Leo has taken Kate to the ship's bow to watch the sunset. He asks her, "Do you trust me?" "I trust you." They stand up on the railings, their arms outstretched.
Cut to the two men with arms outspread as well. Daniel stands behind Sam.

DANIEL : Do you trust me?

SAM : I trust you.

DANIEL : Fool!

Daniel grabs Sam and tickles him. They fall back on to the sofa laughing. Cut to a few moments later, they sit in silence.

DANIEL : You know, Sammy, I'm sure she's unique and extraordinary. But general wisdom is that in the end, there isn't just one person for each of us.

SAM : There was for Kate and Leo. There was for you. And there is for me. She's the one.

He lifts his finger in a distinctive "one" movement.

DANIEL : Fair enough. And her name's Joanna?

SAM : Yeah, I know. Same as mum.

Daniel takes this in.

66. INT. DOWNING STREET. NIGHT
The PM is working. A knock on the door. He almost flinches.

PM : Yeah.

다니엘 : 안 좋은 소식이구나. 우리한테는 지금 케이트하고 레오가 필요해. 자 가자.

65. 밤. 다니엘의 집. 내부. 거실

다니엘과 샘, 영화, '타이타닉' 중에서 레오가 노을을 보여주려고 뱃머리로 케이트를 데리고 나온 장면을 보고 있다. 영화에서 레오가 케이트에게 "나 믿어?"라고 묻는다. "믿어요." 그들은 양팔을 벌리고 서 있다. 다니엘, 샘 뒤에 서서 양팔을 벌리고 서 있다.

다니엘 : 나 믿지?
샘 : 네, 믿어요.
다니엘 : 바보!

다니엘, 샘을 잡고 간지럽힌다. 소파 위에 넘어지며 같이 소리내어 웃는다. 잠시 후, 둘 다 아무 말이 없다.

다니엘 : 새미, 그 여자애가 물론 특별하고 비범한 아이겠지만 세상의 이치를 보면 결국엔 우리 각각에겐 한 사람의 사랑만 있는 것은 아니란다.
샘 : 케이트하고 레오는 안 그렇잖아요. 아버지도 한 사람뿐이었고 저도 역시 한 사람뿐이에요. 바로 그 여자애예요.

샘, 하나를 강조하기 위해 손가락을 들어 표시한다.

다니엘 : 맞다. 여자애 이름이 조안나라고?
샘 : 네, 엄마 이름이랑 똑같아요.

다니엘, 수긍한다.

66. 밤. 다우닝 가. 내부

수상, 일을 하고 있다. 노크 소리가 나자 흠칫 놀란다.

수 상 : 네, 들어와요.

- **railing**
  난간.
- **outstretched**
  뻗친, 펼친.
- **outspread**
  바깥쪽으로 뻗은, 펼친.
- **tickle**
  간지럽히다.
- **general wisdom**
  일반적으로, 일반적인 이치로.
- **in the end**
  마침내, 결국은.
- **distinctive**
  특별한, 구별이 있는.
- **Fair enough.**
  맞다.
  또는 (제안에 대하여) 됐어.
- **take in**
  수용하다, 받아들이다.
- **flinch**
  움찔하다.

She's the one.
바로 그 여자애예요.
the one에서 정관사 the는 '유일한 오로지 하나'라는 의미를 지닌다.
• He is the only one who can save the world.
그만이 세상을 구원할 수 있다.

이것만은 꼭!

She's the one.

바로 그 여자애예요.

The door opens slowly. It is a woman with tea—not Natalie.

NEW WOMAN : Prime Minister.

PM : Thank you very much.

He looks at her, thinking. A possibility is gone. Sad music plays.

67. EXT. FRENCH FARMHOUSE. DAY

Cut to Jamie putting his cases and lots of French presents—wine and cheese and strings of garlic etc. in the car. Aurelia comes out of the house with more of his bags.

JAMIE : Oh. Appolo.... Erm, apologia. Grande, er... grande familio. Grande tradizione de Christmas presents. Stupidos.

68. EXT. MARSEILLES STREET. DAY

Cut to Jamie dropping her off at the edge of the town. A cold, urban environment. He gets out with her and puts forward his hand to shake it. She takes it and shakes it.

JAMIE : Well... goodbye.

AURELIA : Thank you.

JAMIE : Uhm... it was....

AURELIA : I will miss you and your very slow typing... and your very bad driving....

He smiles at her. So she simply leans in and kisses him gently on the mouth and walks away. He stops and thinks and then sets off again.
He gets into his car and pulls out without looking, colliding with the car behind him.

문이 천천히 열리고 차를 들고 한 여자가 들어온다. 나탈리가 아니다.

새로 온 여자 : 수상, 각하.
수 상 : 고마워요.

수상, 그녀를 쳐다보고 생각한다. 가능성이 없어졌다. 슬픈 음악이 흐른다.

67. 낮. 프랑스의 농장. 외부
제이미, 가방과 프랑스 와인, 치즈, 마늘과 같은 선물들을 차에 싣고 있다. 오렐리아, 집에서 제이미의 다른 가방들을 가지고 나온다.

제이미 : 아포로지아. 그란데 패밀리오, 그란데 트라지오네 디 크리스마스 프레젠트. 스트피도스.

68. 낮. 마르세유 거리. 외부
제이미, 오렐리아를 추운 도시환경의 마을 끝에 내려준다. 제이미, 오렐리아와 같이 차에서 내려 악수를 청한다. 둘이 악수를 한다.

제이미 : 잘 가요.
오렐리아 : 고마워요.
제이미 : 음… 저기…….
오렐리아 : 당신이 보고싶을 거예요. 천천히 타이프 치는 모습… 그리고 당신의 거친 운전…….

제이미, 미소를 짓는다. 오렐리아, 제이미의 입술에 살짝 키스를 하고 간다. 제이미, 잠시 멈춰 생각을 하다 다시 갈길을 간다.
제이미, 차로 돌아가 주위를 보지도 않고 출발하다가 뒤에 오던 차와 충돌한다.

- **possibility**
가능성.
여기서는 수상과 나탈리의 관계에 대한 가능성을 의미함.
- **garlic**
마늘.
- **urban**
도시의.
- **lean**
기대다, 비스듬하게 서다.
- **pull out**
(차가) 나가다, 출발하다.
- **collide with**
충돌하다, 부딪히다.

Movie Talk

영국 역대 수상

Prime Ministers in England

윌리엄 피트(William Pitt) 수상은 역대 수상 중 가장 어린 14살의 나이에 대학교를 들어가 3년만에 졸업한 사람으로 잘 알려져 있다. 그는 일생동안 결혼을 하지 않고 독신으로 살았다.

스펜서 퍼시벌(Spencer Perceval)은 역대 수상 중 유일하게 살해당한 불운의 수상이다. 자신의 사업 실패를 수상의 탓으로 여긴 사업가 벨링엄(Bellingham)은 하원 로비에서 수상을 총으로 살해했다. 결국 벨링엄은 교수형에 처해졌다.

마거릿 대처(Margaret Thatcher)는 1925년에 태어나 서머빌 대학교를 다녔다. 여자로는 처음으로 영국 수상의 자리를 지냈던 사람이기도 하다. 그녀의 별명은 '철인' 이었다.

현재 영국 수상인 토니 블레어(Tony Blair)는 1953년에 태어났다. 그는 옥스포드에서 법학을 공부했으며 2001년 선거에서 압도적인 지지로 다시 뽑혔다.

William Pitt is famous for the fact that he entered Pembroke College, Cambridge at the age of fourteen and graduated at the age of seventeen. He was a single through out his life.

Spencer Perceval is the only one who was assassinated. Bellingham who blamed Perceval for the failure of his business shot Perceval dead in the lobby of the House of Commons. Bellingham was hanged for Perceval's murder.

Margaret Thatcher was born in 1925 and went to Somerville College, Oxford. She was the first woman to serve as Prime Minister. Her nickname was "The Iron Lady."

Tony Blair who is the Prime Minister at present was born in 1953. He studied law at Oxford. Tony Blair was re-elected with another landslide majority in the 2001 General Election.

ost

Here with Me

Sung by Dido

I didn't hear you leave
I wonder how am I still here
I don't want to move a thing
It might change my memory

Oh I am what I am
I'll do what I want but I can't hide
I won't go I won't sleep
I can't breathe until you're resting here with me
I won't leave I can't hide
I cannot be until you're resting here with me

I don't want to call my friends
They might wake me from this dream
And I can't leave this bed,
risk forgetting all that's been

Chorus:
Oh I am what I am
I'll do what I want,
but I can't hide
I won't go, I won't sleep,
I can't breathe,

until you're resting here with me
I won't leave, I can't hide,
I cannot be until you're resting here

I won't go, I won't sleep,
I can't breathe,
until you're resting here with me
I won't leave, I can't hide,
I can not be untily you're resting here with me

Chorus

Chapter 5

Broken Hearts

상처받은 마음

Movie Talk
파티 문화
Parties in the World

Chapter 5

상처 받은 마음

Broken Hearts

시간 01:01:41 ~ 01:14:54

69. EXT. STREET. DAY

Cut to the video of Billy's pop song in which he is singing, but the 7 sulky girls are all dressed in tiny red santa dresses. Sam is watching the video in the window of a record store. A thought goes through his mind.

70. INT. DANIEL'S OFFICE. DAY

Daniel is working. Sam bursts in.

SAM : Daniel! I have a plan.

DANIEL : Thank the lord. Tell me.

SAM : Well, girls love musicians, don't they?

DANIEL : Uh-huh.

SAM : Even the really weird ones get girlfriends.

DANIEL : That's right. Meat Loaf definitely got laid at least once. For God's sake, Ringo Starr married a Bond girl.

69. 낮. 거리. 외부
빌리의 뮤직비디오가 나오고 있다. 7명의 뾰루퉁한 여자들이 짧은 산타 원피스를 입고 있다. 샘, 레코드 가게의 창문을 통해 비디오를 자세히 쳐다본다. 샘에게 좋은 생각이 떠오른다.

70. 낮. 다니엘의 사무실. 내부
다니엘이 일하고 있는 사무실로 샘이 뛰어들어온다.

샘 : 아버지! 좋은 수가 있어요.

다니엘 : 잘됐다. 말해 봐.

샘 : 여자들은 음악가를 좋아하잖아요.

다니엘 : 그렇지.

샘 : 정말 이상한 음악가들도 여자친구는 있잖아요.

다니엘 : 그렇지. 미트 로프 같은 사람도 적어도 한 번은 여자랑 자고 링고 스타는 본드걸하고 결혼까지 했으니까.

- **sulky**
  골이난 얼굴을 한, 뾰루퉁한.
- **burst in**
  갑자기 (뛰어)들어오다.
- **get laid**
  자다, ~와 성교하다.
- **a Bond girl**
  영화 007에 나오는 남자 주인공 제임스 본드의 여자 친구.

SAM : Whatever, there's this big concert at the end of term, and Joanna's in it. And I thought maybe if I was in the band and played absolutely superbly, there's a chance that she might actually fall in love with me. What do you think?

DANIEL : I think it's brilliant. I think it's stellar. Apart from the one obvious, tiny little, baby little hiccough....

SAM : That I don't play a musical instrument.

DANIEL : Yes, sir.

SAM : A tiny insignificant detail.

71. INT. DANIEL'S HOUSE. CORRIDOR. EVENING

Loud, noise of drumming. Daniel, all pyjamaed up, very late at night, walks past Sam's room from inside which comes the sound of totally obsessive, repetitive drumming.

72. INT. THE FAIR-TRADE OFFICE. NIGHT

Sarah is putting up a modern tree type thing on her office desk.

73. INT. GALLERY. NIGHT

Music is playing and Harry's office party is in full swing.
We see Karl getting a drink and Sarah standing a bit nervously on her own, beside a huge graphic naked photo.

KAREN : I suppose I better do the duty round....

HARRY : You're a saint.

As soon as she's gone, Mia is there, tapping Harry on the shoulder. She is looking absolutely devastating, with a tight red dress and a tiny pair of devils horns.

MIA : Any chance of a dance with the boss?

HARRY : Yeah, sure, sure.... As long as your boyfriend doesn't mind.

샘 : 어쨌든간에. 학기말에 큰 콘서트가 있어요. 조안나도 참여하고요. 만약 제가 그 밴드에 들어가서 아주 멋있게 연주하면 저와 사랑하게 될 가능성이 있어요. 어떻게 생각하세요?

다니엘 : 좋은 방법이네. 끝내주는데. 단 한 가지 좀 걸리는 게…….

샘 : 제가 다룰 줄 아는 악기가 없다는 거요?

다니엘 : 그렇지.

샘 : 별 문제 아니에요.

71. 저녁. 다니엘의 집. 복도. 내부

드럼 치는 소리가 크게 들린다. 잠옷을 입은 다니엘, 샘의 방 앞을 서성인다. 방안에서는 아주 크고 반복되는 드럼소리가 흘러나온다.

72. 밤. 공정무역 사무실. 내부

사라, 현대식 장식용 나무를 자기 책상 위에 놓는다.

73. 밤. 갤러리. 내부

갤러리 안에서는 해리 사무실 사람들의 파티가 한창이다.
칼, 마실 것을 들고 있고 그 옆에는 긴장된 모습의 사라가 누드사진 옆에 서 있다.

카 렌 : 인사하러 한번 돌아봐야겠어요.

해 리 : 역시 당신뿐이야.

카렌이 자리를 뜨자마자 미아 다가와 해리의 어깨를 두드린다. 아주 매력적인 모습의 미아, 몸에 달라붙는 빨간 드레스를 입고 작은 악마의 뿔을 머리에 쓰고 있다.

미 아 : 사장님이랑 춤출 수 있을까요?

해 리 : 네, 물론, 물론이죠. 당신의 남자친구만 괜찮다면.

- **superbly**
  멋있게.
- **stellar**
  우수한.
- **hiccough**
  딸꾹질.
  여기서는 '아주 중요하지 않은 일'을 일컬음.
- **obsessive**
  도를 지나친.
- **in full swing**
  한창 (진행중인), 신바람이 나서.
- **I suppose I better do the duty round.**
  인사하러 돌아봐야겠어요.
  • duty round
  '의무적으로 하는 인사'의 의미를 나타냄.
- **devastating**
  (여자가) 굉장히 매혹적인, 넋을 잃게 하는.

There's a chance that she might actually fall in love with me.
저와 사랑하게 될 가능성이 있어요.
• There's a chance that ~
~할 가능성이 있다.
• There's a chance that we might win.
우리가 이길 가능성은 있어.

이것만은 꼭!

There's a chance that she might actually fall in love with me.

저와 사랑하게 될 가능성이 있어요.

Cut to Mark dancing with a hectic short girl.

MIA : Not my boyfriend.

Cut to Karen elsewhere, just talking sweetly to a couple. She spots Harry and Mia starting to dance.

HARRY : You're looking very pretty tonight.

Little pause.

MIA : It's for you.

HARRY : Sorry?

MIA : (leaning in close to whisper in Harry's ear) It's all for you, sir.

74. INT. STAIRCASE/CORRIDOR/DRAWING ROOM. 10 DOWNING STREET. NIGHT

The end of a long day, the PM looks tired. A single man is in a big house. He heads upstairs and sits down on a couch.

Papers in front of him, he turns the telly on—it's Billy Mack on Parkinson.

75. INT. PARKINSON STUDIO. NIGHT

PARKY : This must be a very exciting moment for you, fighting for the Christmas Number 1. How is it looking so far?

BILLY : Very bad indeed. Blue are outselling me five to one, but I'm hoping for a late surge. And if I reach number 1, I promise to sing a song stark naked on TV on Christmas Eve.

열광적인 소녀와 춤을 추고 있는 마크가 보인다.

미 아 : 제 남자친구 아니에요.

카렌, 한 부부와 서서 이야기를 나누고 있다가 해리와 미아가 춤을 추고 있는 모습을 본다.

해 리 : 당신 오늘 아주 이뻐보이는군.

잠시 침묵이 흐른다.

미 아 : 당신을 위한 거예요.

해 리 : 뭐라구요?

미 아 : (가까이 다가와 귓속말로) 이 모두 당신을 위한 거라구요. 사장님.

74. 밤. 다우닝 가 10번지. 계단/복도/응접실. 내부

피곤해 지친 수상, 큰 집에는 단지 그 혼자 뿐이다. 위층으로 올라가 TV 앞에 있는 소파에 앉는다.

서류들이 앞에 놓여 있다. TV를 켜자 파킨슨 쇼에 빌리 맥이 나오고 있다.

75. 밤. 파킨슨 스튜디오. 내부

파 키 : 성탄절날 1위 후보에 올라와 있어서 아주 좋으시겠어요. 어떠십니까?

빌 리 : 실은 아주 안 좋아요. 블루가 저보다 5대 1로 앞서고 있어요. 하지만, 저는 마지막 역전을 기대하고 있어요. 제가 만약 1위를 차지한다면 성탄절 전야제 때 완전히 벗고 TV에서 노래를 불러드릴 것을 약속드립니다.

- **hectic**
  흥분한, 열광적인.
- **couch**
  긴 의자, 소파(= sofa).
- **outsell**
  ~보다 많이 팔(리)다.
- **surge**
  급상승.
- **stark**
  완전한, 순전한.

How is it looking so far?
어떠십니까?
- so far
  지금까지.

이것만은 꼭!

How is it looking so far?

어떠십니까?

PARKY : Do you mean that?

BILLY : Of course I mean it, Michael. Do you want a preview, you old flirt?

He gets up and heads over to Parky, unzipping his trousers. Parky laughs.

PARKY : That'll never make number 1.

The audience laughs and the PM laughs, too.

76. INT. GALLERY. NIGHT

The party again. Harry and Mia are flirting and laughing together as Sarah and Karen watch on.

SARAH : I suppose it's his job to dance with everyone, isn't it?

KAREN : Some more than others.

Suddenly Karl is there.

KARL : Just one dance? Before we run out of chances.

SARAH : Who, me?

KARL : Unless you just....

SARAH : No! No! Good! Yes. Thanks.

A Perky tune plays, but the second they start to dance. A romantic tune begins. They have to get closer, and they seem to fit pretty well together.

77. INT. CAR. NIGHT

Cut to Karl and Sarah in a car together. The music plays on.

파 키 : 진심이세요?

빌 리 : 물론입니다. 진심이에요, 마이클. 예고편을 원하세요? 바람둥이씨?

빌리, 자리에서 일어나 파키에게 다가가 바지를 벗자 파키가 웃는다.

파 키 : 그것은 절대 1위 못하실 것 같은데요.

청중들 웃는다. 수상도 웃는다.

76. 밤. 갤러리. 내부
파티가 계속된다. 해리와 미아는 시시덕거리며 웃고 있다. 이런 모습을 카렌과 사라가 보고 있다.

사 라 : 모든 사람과 춤을 추는 것도 사장님의 일이시겠죠?

카 렌 : 어떤 사람하고는 다른 사람들보다 더 춰야겠지.

갑자기 칼이 나타난다.

칼 : 기회가 없어지기 전에 한번 출래요?

사 라 : 누구요? 저요?

칼 : 당신이 싫다면…….

사 라 : 아니요, 아니에요. 좋아요. 고마워요.

사라와 칼이 춤을 추려고 하자 활발한 음악이 분위기 있는 음악으로 바뀐다. 가까이 서서 춤을 춘다. 잘 어울리는 한 쌍이다.

77. 밤. 차. 내부
칼과 사라, 차 안에 있다. 차 안에는 음악이 흐른다.

■ **flirt**
바람둥이.

■ **unzip**
~의 지퍼를 열다.

■ **trousers**
〈영〉 바지(= 〈미〉 pants).

■ **Just one dance? Before we run out of chances.**
기회가 없어지기 전에 한번 출래요?
• run out of
바닥나다, 다 없어지다.
ex) We're run out of papers.
종이를 다 썼어요.

■ **unless**
만약 ~하지 않는다면.
= if not

■ **perky**
원기 왕성한, 쾌활한.

I mean it.
진심이에요.
• mean
~을 의미하다.

이것만은 꼭!

I mean it.

진심이에요.

78. INT. HALLWAY. SARAH'S FLAT. NIGHT

Later. In Sarah's hallway....

KARL : Well, then. I'd better go.

SARAH : Okay.

KARL : Good night.

SARAH : Good night.

He kisses her—first on the cheek and then on the lips. Pause. He's very straight-faced.

KARL : Actually... I don't have to go.

SARAH : Right. Good.

KARL : I mean....

SARAH : No, no, no. That's good.

She tries to play it cool.

SARAH : Just, erm would you just excuse me for one second?

KARL : Sure.

SARAH : Just one second.

She walks round the corner and silently yet hysterically leaps up and down with utter delight. And then calmly walks back again.

79. INT. SARAH'S FLAT. NIGHT

SARAH : Erm, Okay, that's done. Erm... why don't you come upstairs in about ten seconds?

KARL : Ten seconds.

78. 밤. 사라의 아파트 앞. 내부
잠시 후 사라의 집 앞.

칼 : 이제 가봐야겠네요.
사 라 : 네.
칼 : 잘 자요.
사 라 : 잘 가요.

칼, 처음엔 사라의 볼에 키스를 하고 다음엔, 그녀의 입술에 키스를 한다. 잠시 후 칼, 진지한 얼굴로.

칼 : 사실, 저 안 가도 돼요.
사 라 : 네. 그래요.
칼 : 제 말은…….
사 라 : 잘됐네요.

사라, 신중을 기하려고 한다.

사 라 : 잠시만 기다릴래요?
칼 : 그래요.
사 라 : 1초만.

사라, 모퉁이를 돌아서 조용하게 기쁨의 환호성을 지른다. 그리고는 차분하게 그에게로 나온다.

79. 밤. 사라의 아파트. 내부

사 라 : 이제 됐어요. 한 10초 후에 위로 올라올래요?
칼 : 10초요.

- **straight-faced**
  진지한 얼굴을 한.
- **don't have to~**
  ~할 필요가 없다.
  = don't need to~
- **hysterically**
  이성을 잃어서, 감정적으로.

Why don't you come upstairs in about ten seconds?
한 10초 후에 위로 올라올래요?
• Why don't you + 동사원형
~하실래요, ~하는 게 어때?

이것만은 꼭!

Why don't you come upstairs in about ten seconds?
한 10초 후에 위로 올라올래요?

80. INT. BEDROOM. SARAH'S FLAT. NIGHT

She is tidying frantically, then he enters. He carefully takes off his overcoat. There's pause and then they rush together and start kissing. Off comes his jacket and then his shirt. He awkwardly pulls her dress over her head.

SARAH : Just tug it.

KARL : OK.

He lies down, now only in his underwear, and she sits up on him. He looks up as she continues to undress.

KARL : You're beautiful.

Soft music plays. She looks at him as he touches her face and they kiss again.
And then the phone starts to ring. They both look in its direction. Sarah hesitates.
She tips off him to answer the phone and covers herself up. The person on the other line is talking a lot.

SARAH : Hello. (....) Hi. Hello, darling. (....) No, no, I'm not busy.

Karl looks at her, surprised and slightly hurt.

SARAH : No, fire away. (....) Right. (....) Yes. I.... (....) I'm not quite sure it's gonna be possible to get the Pope on the phone tonight. (....) Yes. Yes. (....) I'm sure he's very good at exorcism but....

She slips sideways off Karl and they sit apart on the bed.

80. 밤. 사라의 아파트. 침실. 내부
사라, 미친 듯이 방을 치운다. 잠시 후 칼이 들어 온다. 그가 조심스럽게 외투를 벗는다. 잠시동안 가만히 있다가 서로에게 다가가 키스하기 시작한다. 칼, 재킷과 셔츠를 벗고 어색하게 그녀의 옷을 벗긴다.

사 라 : 그냥 잡아 당겨요.
칼 : 아, 예.

속옷 차림의 칼은 침대에 누워 있고 그의 위에 사라가 올라 앉아 있다. 사라가 옷을 벗고 있는 모습을 칼이 보고 있다.

칼 : 아름답네요.

부드러운 음악이 흐른다. 사라, 자기의 얼굴을 쓰다듬는 칼을 바라본다. 서로에게 다시 키스한다.
전화벨이 울린다. 둘 다 소리나는 쪽을 쳐다본다. 사라, 잠시 머뭇거린다. 사라, 그에게서 내려와 전화를 받으며 옷으로 자신의 몸을 가린다. 전화를 걸어 온 사람이 계속해서 말을 한다.

사 라 : 여보세요. 여보세요. (……) 아니 안 바빠.

칼, 사라를 쳐다보며 조금 놀라고 서운해한다.

사 라 : 아니, 어서 말해. (……) 그래. (……) 응… 오늘 교황과 전화 통화하는 건 좀 어렵겠는데. (……) 그래. 그래. (……) 그 사람은 귀신 쫓는 거 아주 잘할 거야.

사라, 칼 옆에 좀 떨어져서 앉아 있다. 그들은 침대 양쪽에 걸터 앉아 있다.

- **tidy**
  방을 치우다.
- **take off**
  옷을 벗다.
- **tug**
  당기다, 끄집어 내다.
- **underwear**
  속옷.
- **undress**
  (옷을) 벗다.
- **the Pope**
  로마 교황.
- **exorcism**
  귀신을 쫓아내기, 액막이.
- **slip**
  ~에서 벗어나다.
- **sideways**
  옆으로, 옆에.

Fire away.
어서 말해.
• fire away
(이야기)를 시작하다, (질문)을 계속하다.

이것만은 꼭!

Fire away.

어서 말해.

SARAH : Well, I'm sure.... Jon Bon Jovi is as well and I'll definitely look into it.

Karl sits patiently on the side of the bed.

SARAH : Okay? Okay, I'll talk to you later. Alright, bye-bye. (She hangs up.) Sorry about that.

KARL : No, it's fine.

SARAH : It was my brother. He's not well. He calls a lot.

KARL : I'm sorry.

SARAH : No, it's fine. It's fine. I mean, it's not really fine, it is what it is. And sort of there being no parents now and us being over here, it's my job to keep an eye on him. I mean, not my "job," obviously, I'm glad to do it.

KARL : That's okay. I mean, life is full of interruptions and complications. So....

He leans in and kisses her, and then we have a few more moments of romance, but then the phone goes again. She watches it ringing.

KARL : Will it make him better?

SARAH : No.

KARL : Then maybe... don't answer.

Pause. She looks at Karl and reaches over and answers.

SARAH : Hey, how you doing? (....) Right. Right.

Karl sits quietly by the beside.

사 라　: 존 본 조비도 잘할 거야, 내가 한번 알아볼게.

칼, 가만히 침대에 앉아 기다리고 있다.

사 라　: 그래. 나중에 전화하자. 안녕. (전화를 끊는다.) 미안해요.
칼　: 아니요, 괜찮아요.
사 라　: 제 동생인데 좀 안 좋아요. 전화를 많이 해요.
칼　: 안됐네요.
사 라　: 아니요. 괜찮아요. 사실 괜찮은 것은 아니지만 그게 현실이니까. 부모님이 안 계신 거나 마찬가지여서 제가 그를 돌보는 일을 맡아야 돼요. 제 말은 일이라고 생각하지는 않아요. 오히려 제가 할 수 있어서 좋아요.
칼　: 괜찮아요. 인생이란 게 장애물과 복잡한 것 투성이죠. 그래서…….

칼, 다가가 키스한다. 서로 사랑을 나눈다. 하지만 다시 전화벨이 울린다. 사라, 울리는 전화를 쳐다본다.

칼　: 전화를 받으면 좀 나아져요?
사 라　: 아니요.
칼　: 그러면 전화 받지 말아요.

잠시 침묵이 흐른다. 사라, 칼을 쳐다보다 전화를 받는다.

사 라　: 어, 그래. 어떠니? (……) 그래. 그래.

칼, 조용히 일어나 옆으로 앉는다.

- **as well**
  또한, 역시.
- **patiently**
  인내하여.
- **It's my job to keep an eye on him.**
  그를 돌보는 일을 맡아야 돼요.
  - to keep an eye on
    돌보다, 지켜보다, 감시하다.
- **be full of**
  ~로 가득 차다.
- **interruption**
  방해.
- **complication**
  복잡, 혼란.
- **Will it make him better?**
  전화를 받으면 좀 나아져요?
  여기서 대명사 it은 '전화를 받는 것'을 의미한다.

I'll definitely look into it.
내가 한번 알아볼게.
- look into
  ~를 조사하다.

ex) They looked into a population problem.
그들은 인구 문제를 조사했다.

이것만은 꼭!

I'll definitely look into it.
내가 한번 알아볼게.

SARAH : Oh, no, please, please, don't, little darling. Between the two of us, we'll find the answer and it won't hurt anymore....

And Karl puts his head in his hands, waiting. Sarah sits on the floor by the bed.

SARAH : No, no. No, I'm... I'm not busy. I... Of course, if you want me to come over, I will.... Mm-hm. OK.

She glances at Karl. Sad music plays.

81. INT. BEDROOM. KAREN'S HOUSE. NIGHT

The sad music continues to play over Harry and Karen in their bedroom.

KAREN : That was a good night except I felt fat.

HARRY : Don't be ridiculous.

KAREN : It's true.

She slips off her dress shyly.

KAREN : Nowadays the only clothes I can get into were once owned by Pavarotti.

Cut back to Harry, watching her.

HARRY : I always think Pavarotti dresses very well.

KAREN : Mia's very pretty.

HARRY : Is she?

KAREN : You know she is, darling. Be careful there.

사 라 : 오, 안 돼, 제발. 그러지 마. 착하지. 우리 서로 해결 방법을 찾자. 그러면 더 이상 힘들지 않을 거야.

칼, 얼굴을 손에 묻고 기다린다. 사라, 침대 옆 바닥에 앉는다.

사 라 : 아니야, 안 바빠. 물론이지. 네가 원하면 갈게. 알았어.

사라, 칼을 힐끗 쳐다본다. 슬픈 음악이 흐른다.

81. 밤. 카렌의 집. 침실. 내부

해리와 카렌의 침실, 슬픈 음악이 계속 흐르고 있다.

카 렌 : 오늘 밤 좋았어요. 내가 뚱뚱하다고 느끼긴 했지만…….

해 리 : 무슨 엉뚱한 소리야.

카 렌 : 사실이에요.

카렌, 드레스를 부끄러운 듯이 벗는다.

카 렌 : 요즘 제가 입을 수 있는 옷은 파바로티가 입었던 그런 옷들이에요.

해리, 카렌을 보고 있다.

해 리 : 난 항상 파바로티가 옷을 아주 잘 입는다고 생각했는데.

카 렌 : 미아는 참 이뻐요.

해 리 : 그래?

카 렌 : 당신도 알잖아요, 여보. 조심해요.

- come over
  (~로부터) 오다, 찾아오다.
- glance
  힐끗 보다, 한번 보다.
- nowadays
  요즈음.
- get into
  ~을 입다, 신다(= put on).
- own
  소유하다.

Don't be ridiculous.
무슨 엉뚱한 소리야.
• ridiculous
엉뚱한, 우스운, 어리석은.

이것만은 꼭!

Don't be ridiculous.

무슨 엉뚱한 소리야.

82. INT. MIA'S BEDROOM. NIGHT

Mia, slipping off her dress in her seductive bedroom. Red underwear.

83. INT. HOSPITAL. NIGHT

Cut to Sarah and her brother Michael. In a high security hospital. Very bare. A lonely room.
He is a terrible version of the young man we saw in the photo on her desk. Ghostly pale with dirty hair.
They are just sitting opposite each other. Pause. He just looks at her.

SARAH : Have you been watching stuff on TV?

MICHAEL : Yeah. Every night.

SARAH : Good.

MICHAEL : Every day. The nurses are trying to kill me.

SARAH : Nobody's trying to kill you, babe.

Pause. He suddenly lifts his hand to hit her. A male nurse moves to protect her.

SARAH : (to the male nurse) Thank you.

Sarah takes the raised hand and says very gently....

SARAH : Don't do that, my darling. (to the male nurse) Thank you. (to the brother) Don't do that.

84. INT. BEDROOM. KAREN'S HOUSE. NIGHT

Cut to Karen, lying awake beside Harry. Very sad. She knows in some way she's lost him. She looks across at him, then turns over, tiny tears gathered in her eyes.

82. 밤. 미아의 침실. 내부
미아, 매혹적인 그녀의 침실에서 드레스를 벗자 빨간 속옷이 드러난다.

83. 밤. 병원. 내부
보안 시설이 잘 갖추어져 있는 병원, 가구나 물건이 거의 없는 방에 사라와 그녀의 동생, 마이클이 있다.
사라의 동생, 사라의 책상 위에 있던 바로 그 사진의 주인공이다. 창백한 모습에 지저분한 머리의 남자이다.
그들은 서로 마주보고 앉아 아무 말이 없다. 동생이 사라를 쳐다보고만 있다.

사 라 : TV에서 그런 거 봤니?
마이클 : 응. 매일 밤.
사 라 : 괜찮아.
마이클 : 매일 낮에는 간호사들이 나를 죽이려고 해.
사 라 : 너를 죽이려는 사람은 아무도 없어.

마이클, 가만히 있다가 갑자기 사라를 때리려고 손을 든다. 남자 간호사가 사라를 보호하기 위해 다가선다.

사 라 : (남자 간호사에게) 고마워요.

사라, 마이클의 손을 잡으며 부드럽게 말한다.

사 라 : 그러지 마. (남자 간호사에게) 고마워요. (동생에게) 이러지 마.

84. 밤. 카렌의 집. 침실. 내부
카렌, 해리 옆에 깨어 있다. 해리와 멀어졌다는 생각에 슬픈 모습이다. 옆에 누워 있는 해리를 가만히 쳐다보고는 돌아눕는다. 그녀의 눈가에 눈물이 고인다.

- **seductive**
  매혹적인, 유혹적인.
- **security**
  보안, 방위.
- **bare**
  꾸밈이 없는, 세간이 없는.
- **pale**
  창백한.
- **protect**
  보호하다.
- **turn over**
  방향을 바꾸다.
- **tear**
  눈물.
- **gather**
  모이다, 집결하다.

Movie Talk

파티 문화

Parties in the World

세계 어느 나라나 어떤 문화권에서든지 크고 작은 파티가 보편화되어 있다. "party"는 '부분으로 나누다' 라는 의미의 중세 영어 *partie*에서 비롯된 말로 '한 무리', '한 편' 이라는 뜻으로 사용되었고 '모임' 또는 '정당' 의 의미를 지니게 되었다. 사교적인 성격의 파티는 16세기 프랑스 국왕 앙리 2세의 부인이 귀부인만을 불러 모아 식사를 한 것이 유래되어 영국과 유럽 전역에 퍼지게 되었다. 현대에는 파티의 성격에 따라 여러 종류로 나뉜다. 이 영화에서 언급되거나 나온 것으로는 총각 파티(영화에서는 stag night라고 표현함)와 결혼 피로연, 크리스마스 파티가 있다. 총각 파티(bachelor party; bachelor는 미혼 남자라는 뜻)는 남자가 결혼하기 전 남자 친구들끼리만 모여 쇼걸을 불러 선정적인 춤을 추게 하는 등 총각으로서 마지막 밤을 보내는 파티이다. 이 영화에서는 나오지 않았지만, 예비 신랑을 위한 총각 파티가 있듯이 예비 신부를 위한 파티도 있다. 이를 "bridal shower"라고 하는데, 이 파티에서는 신부의 친구들이 신부에게 필요한 물건들을 준비해서 모여 앉아 선물들을 같이 풀어보며 즐거운 시간을 보낸다. 영화에서처럼, 영국이나 미국에서의 결혼 피로연에서는 대부분 칵테일과 같은 간단한 음료와 스낵을 하며 음악에 맞춰 춤도 추며 흥겨운 시간을 보낸다. 이때 신랑과 신부는 어머니, 아버지와 각각 춤을 추기도 한다. 크리스마스 파티에서는 크리스마스 전날 가족 또는 친구, 직장 동료끼리 모여서 술과 간단한 음료, 음식을 준비해 놓고 이야기도 하고 춤도 추며 즐긴다. 이밖에도 태어날 아기를 위한 baby shower, 우리 나라의 집들이와 같은 house-warming party 등이 있다.

A party whether it's small or big is pervasive in the world. The word, "party" is from Middle English, *partie* meaning a team or a group. A party is originated from the nobility party in France in 16th century. This spread to England and other Europe. Nowadays there are several different parties. Parties that were mentioned or actually shown in the movie are a bachelor party (mentioned as stag night), wedding reception, and Christmas party. In a bachelor party, a groom-to-be and his friends gather together and bring a show girl to perform sexy dances. And they enjoy the party all night. There is also a party for a bride-to-be called bridal shower. In a bridal shower, friends of a bride-to-be bring presents for a bride. They open presents and have a nice chat. Wedding receptions in the western culture have slightly different atmosphere from the ones in Korea. They have drinks, light snacks, and dance time. A bride and groom usually dance with their family members and share happiness together. There are many parties during the Christmas time. They usually have a party with family, workers, or friends. It is one of the typical western parties that has drinks, some food, and dance time. There are many other parties that are common in the world, for instance, baby shower (Unlike in Korea, it is held before a baby is born.), house-warming party, tea-party and so forth.

LoveActually

Chapter 6

Going to America

미국으로 가다

Movie Talk

영국 영어와 미국 영어

British English vs.

American English

Chapter 6

미국으로 가다

Going to America

시간 01:14:55 ~ 01:26:26

85. INT. THE FAIR-TRADE OFFICE. DAY

Next day. Harry comes out of his office. Mia is sitting at her desk.

HARRY : Right. Back at 3. Christmas shopping, never an easy or a pleasant task.

He heads out. But just before he'd gone, Mia tries to talk to him.

MIA : Are you gonna get me something?

HARRY : Er... I don't know. I hadn't thought.

There's a new sexual tension between them.

HARRY : Where's Sarah, by the way?

MIA : She couldn't make it in today. A family thing.

85. 낮. 공정거래 사무실. 내부

다음 날, 해리, 자기 사무실에서 나온다. 미아, 책상에 앉아 있다.

해 리 : 3시에 돌아올게요. 성탄절 쇼핑은 정말 힘들고 재미없는 일이야.

해리, 나가려고 하자 미아, 말을 건넨다.

미 아 : 저한테도 선물 사주실 거예요?

해 리 : 음… 모르겠어요. 생각해보진 않았는데.

서로에게 이성간의 눈길이 오고 간다.

해 리 : 근데 사라는 어딨어요?

미 아 : 오늘 못 왔어요. 집에 일이 있대요.

- **come out of**
  ~로부터 나오다.
- **task**
  일.
- **tension**
  긴장.

HARRY : There's a word for hangover I've never heard before. See you later.

MIA : Yes. Looking forward to it. A lot.

And he heads out.

86. EXT. LONDON STREET. DAY
Cut to Harry walking down the street—trees and lights everywhere. He thinks, then takes out his mobile phone and dials.

HARRY : So, are you going to give me something?

MIA : I thought I'd made it clear last night. When it comes to me, you can have everything.

87. EXT. MAIN STREET. DAY
Back to Harry now in a bustling square, on his mobile.

HARRY : So, ahm, what do you need? Something along the stationery line? Are you short of staplers?

MIA : No, I don't want something I need. I want something I want. Something pretty.

HARRY : Right. Right.

He closes his phone. Then spots Karen in the crowd and waves.

KAREN : Sorry I'm late. I had to drop off Bernie at rehearsal.

해 리 : 과음 때문에 그런 게 아니고. 나중에 봐요.
미 아 : 네. 기대하고 있을게요. 많이.

해리, 나간다.

86. 낮. 런던 거리. 외부
해리, 성탄절 장식으로 가득 찬 거리를 걷고 있다. 잠시 생각하다 전화기를 꺼내 전화를 한다.

해 리 : 그럼, 당신은 나한테 무엇을 선물할거요?
미 아 : 어젯밤에 분명히 말씀드렸다고 생각했는데요. 저한테 오시면 모든 것을 가지실 수 있어요.

87. 낮. 매인 거리. 외부
해리, 복잡한 광장에서 전화를 하고 있다.

해 리 : 그럼. 음… 뭐가 필요해요? 사무용품 중에서……. 스테이플러 혹시 부족해요?
미 아 : 아니요. 저는 제가 필요로 하는 것을 원하지 않아요. 저는 제가 원하는 것을 갖고 싶어요. 뭔가 좀 예쁜 것.
해 리 : 그래요, 알았어요.

해리, 전화를 끊는다. 사람들 속에서 카렌을 보고 손을 흔든다.

카 렌 : 늦어서 미안해요. 버니를 리허설하는 데에 데려다주고 오느라고 늦었어요.

- **hangover**
  숙취.
- **bustling square**
  혼잡한 광장.
- **stationery**
  문방구, 사무용품.
- **short of**
  ~이 부족한, ~에 못 미치는.
- **stapler**
  스테이플러.
- **drop off**
  (사람 · 집)을 (도중에서 · 차에서) 내려놓다.
- **rehearsal**
  연습, 리허설.

Looking forward to it.
기대하고 있을게요.
• look forward to +동명사
~을 학수고대하다.
ex) I'll be looking forward to hearing from you.
연락을 기다리고 있겠습니다.

이것만은 꼭!

Looking forward to it.
기대하고 있을게요.

88. INT. SELFRIDGES. DAY

KAREN : Right, listen, you keep yourself occupied for 10 minutes while I do the boring stuff for our mothers.

She heads off. He quickly looks around and sees the jewellery section. Pauses and heads for it. He reaches a counter. Sees exactly what he wants.

ASSISTANT – RUFUS : Looking for anything in particular, sir?

He is a very particular looking man, with a very particular tie.

HARRY : Yes.... Ahm, that necklace there... how much is it?

RUFUS : It's £270.

HARRY : Alright. I'll have it.

It is a beautiful, delicate gold heart necklace.

RUFUS : Lovely. Would you like it... gift-wrapped?

HARRY : Yes, all right.

RUFUS : Lovely.

He takes the necklace out and puts it in a little box.

RUFUS : Let me just pop it in the box. There.

HARRY : Look, could we be quite quick?

RUFUS : Certainly, sir. Ready in the flashiest of flashes.

In a very trained manner he wraps it round the box, then wraps it round again. Then ties it.

88. 낮. 셀프리지스. 내부

카 렌 : 제가 양가의 엄마들 선물 살 동안 당신은 10분 정도 할 수 있는 일 찾아 하세요.

그녀가 사라지자 해리 서둘러 주위를 둘러본다. 보석 가게를 보고 잠시 망설이다 안으로 들어간다. 카운터로 다가가 살 만한 것을 찾아낸다.

점원-루퍼스 : 뭐 특별히 찾으시는 거라도 있으십니까, 선생님?

점원, 특이한 넥타이에 특이한 생김새이다.

해 리 : 네, 음… 거기 그 목걸이 얼마입니까?
루퍼스 : 270파운드입니다.
해 리 : 그래요. 그걸로 주세요.

하트 모양을 한 아름답고 우아한 금목걸이이다.

루퍼스 : 그러십시오. 선물 포장해드릴까요?
해 리 : 네, 해주세요.
루퍼스 : 그러시죠.

점원, 목걸이를 꺼내서 작은 상자에 넣는다.

루퍼스 : 상자에 탁 집어넣고… 그렇지.
해 리 : 좀 빨리 해주시겠어요?
루퍼스 : 그러시죠. 눈 깜짝할 사이에 해드리죠.

점원, 숙달된 솜씨로 리본을 박스 주위에 두 번 감고 묶는다.

- **occupy**
  종사시키다, 일시키다.
- **jewellery**
  보석류, 장신구류(= 〈미〉 jewelry).
- **in particular**
  특히, 상세히.
- **delicate**
  우아한, 섬세한.
- **in the flashiest of flashes**
  눈 깜짝할 사이에.

Would you like it gift-wrapped?
선물 포장해드릴까요?
• gift-wrapped
선물 포장된.

이것만은 꼭!

Would you like it gift-wrapped?

선물 포장해드릴까요?

RUFUS : There.

HARRY : That's great.

RUFUS : Not quite finished.

Rufus opens a drawer and takes out a see-through cellophane bag. All the while, Harry is looking round nervously.

HARRY : Look, actually, I don't need a bag. I can just put it in my pocket.

RUFUS : O this isn't a bag, sir.

HARRY : Really?

RUFUS : This is so much more than a bag.

He opens the bag and another drawer and takes out little dried roses. Harry continues to look worried.

HARRY : Could we be quite quick... please?

RUFUS : Prestissimo.

Then some lavender, and sprinkles it in the bag. Then he opens another drawer and takes out a four inch stick of cinnamon.

HARRY : What's that?

RUFUS : It's a cinnamon stick, sir.

HARRY : Actually, I really can't wait.

RUFUS : You won't regret it, sir.

HARRY : Want to bet?

Harry, Looking round more frantically....

루퍼스　: 옳지.
해 리　: 좋네요.
루퍼스　: 아직 안 끝났습니다.

루퍼스, 서랍에서 투명한 셀로판 봉지를 꺼낸다. 해리, 내내 초조하게 주위를 둘러본다.

해 리　: 저기요. 실은 봉지는 필요없어요. 그냥 제 주머니에 넣으면 돼요.
루퍼스　: 이것은 봉지가 아닙니다.
해 리　: 그래요?
루퍼스　: 봉지 그 이상의 것이죠.

점원, 또 다른 서랍을 열어 이번에는 작은 말린 장미를 꺼낸다. 해리, 불안해하며 지켜본다.

해 리　: 좀 빨리해 주시겠어요… 네?
루퍼스　: 네, 알겠습니다.

라벤더를 가방 안에 뿌린 다음, 다른 서랍에서 약 10cm길이의 계피 막대기를 꺼낸다.

해 리　: 그건 뭐예요?
루퍼스　: 계피 막대기입니다, 선생님.
해 리　: 실은, 내가 더 이상 기다릴 수가 없어요.
루퍼스　: 후회하지 않으실 겁니다.
해 리　: 장담할 수 있어요?

해리, 극도로 초조해하며 주위를 둘러본다.

- **drawer**
  서랍.
- **see-through**
  비쳐 보이는.
- **cellophane**
  셀로판.
- **This is so much more than a bag.**
  가방 그 이상의 것이죠.
  여기서 대명사 this는 선물포장용 봉지를 가리킨다.
  much는 비교급 more than 을 수식하고 있으며 '훨씬', '그 이상의'의 의미로 해석된다.
- **inch**
  인치(2.54cm).
- **cinnamon**
  계피.
- **regret**
  후회하다, 유감스럽게 생각하다.

Want to bet?
장담할 수 있어요?
- bet
  보증하다, 책임지다.
- You bet?
  틀림없어?

이것만은 꼭!

Want to bet?

장담할 수 있어요?

RUFUS : 'Tis but the work of a moment.

He twists the top of the bag and ties the cinnamon stick on it.

RUFUS : There. Almost finished.

HARRY : Almost finished? What else can there be... are you going to dip it in yogurt and cover it with chocolate buttons?

RUFUS : No, sir. We're going to pop it in this Christmas box.

HARRY : But I don't WANT a Christmas box.

RUFUS : But you said you wanted it gift-wrapped.

HARRY : I did, but....

RUFUS : This is the final flourish....

HARRY : Can I just pay?

He is looking desperately round. Rufus is putting on a protective glove.

RUFUS : All I need now is a sprig of holly....

HARRY : No, no, no, no. No bloody holly!

RUFUS : But sir....

HARRY : Leave it, leave it, just leave it.

Karen is right there. Harry bounces away from the counter.

KAREN : Oh! Loitering round the jewellery section, I see.

HARRY : No... I was just looking around.

Rufus is bitterly disappointed.

루퍼스 : 잠시면 됩니다.

점원, 봉지의 윗부분을 꼰 다음 그 위에 계피막대기로 묶는다.

루퍼스 : 자, 거의 끝나갑니다.
해 리 : 거의 끝나간다구요? 거기다 무엇을 또 할 수 있어요? 요구르트에 담갔다가 초콜릿 단추라도 달게요?
루퍼스 : 아닙니다, 선생님. 이것을 성탄절 선물 상자에 넣을것입니다.
해 리 : 성탄절용 선물상자는 필요 없어요.
루퍼스 : 하지만 선생님께서 선물포장을 원하셨잖습니까?
해 리 : 그렇기야 하지만…….
루퍼스 : 이게 마지막 장식입니다.
해 리 : 계산이라도 먼저 할 수 있을까요?

해리, 어쩔줄 몰라하며 주위를 둘러본다. 루퍼스, 안전 장갑을 낀다.

루퍼스 : 이제 마지막으로 필요한 것은 성탄절 장식용 잔가지…….
해 리 : 아니요, 아니요. 잔가지는 필요 없어요!
루퍼스 : 하지만 선생님…….
해 리 : 됐어요, 됐다구요. 그냥 두세요.

카렌이 와 있다. 해리, 카운터에서 얼른 물러선다.

카 렌 : 어! 보석 가게에 있는 걸 봤는데…….
해 리 : 아니야, 그냥 둘러보고 있었어.

루퍼스, 아주 실망한 모습이다.

- **twist**
  비틀어서 모양을 만들다.
- **dip**
  (물 따위에) 잠깐 잠갔다가 들어올리다, 잠깐 잠기다.
- **flourish**
  장식, 화려한 꾸밈.
- **desperately**
  혈안이 되어, 어쩔 줄 몰라서, 몹시.
- **a sprig of holly**
  성탄절 장식용 잔가지.
- **loiter**
  어슬렁거리다.
- **bitterly**
  몹시, 아주, 씁쓸히.

Leave it.
됐어요.
- leave
  놓아두다, 남겨두다, 남겨 두고 가다.
- Leave me alone!
  저 좀 그냥 놔두세요!

이것만은 꼭!

Leave it.

됐어요.

KAREN : Don't worry. My expectations are not that high after 13 years, Mr O-But-You-Always-Love-Scarves.... Actually, I do love this one.

They walk out of the store.

89. INT/EXT. TONY'S FLAT. DAY
We see Colin outside a slightly tacky flat. He rings a door bell. Tony opens the door to a soaking, backpack-carrying Colin.

COLIN : Hey!

TONY : What are you doing here?

COLIN : Had to rent out my flat to pay for my ticket.

TONY : You're not actually going ahead with this genuinely stupid plan?

COLIN : I bloody am. You think this backpack is full of clothes? Like hell it is. It's chock-a-block full of condoms.

90. INT. FILM STUDIO SET. DAY
John and Judy are on the set, a gilded bathroom. She is miming a blow job.

TONY : Excellent. Excellent. Perfect. Keep that going.

JOHN : Look, ahm... sorry for being a bit forward, but you don't fancy going for a Christmas drink, do you? I mean nothing, you know, nothing implied at all, just um... maybe go see something... Chistmassy or something.... Obviously if you don't want to, you don't have to.... I was just... I'm rambling now. I'm sorry.

카 렌 : 걱정하지마요. 13년 동안 스카프밖에 모르는 남자한테 큰 기대 안해요. 사실, 이것으로 족해요.

가게에서 나간다.

89. 낮. 토니의 아파트. 내부/외부
초라한 아파트 밖에는 콜린이 서 있다. 콜린, 초인종을 누른다. 토니가 문을 열자 작은 배낭을 맨 콜린이 비를 맞고 서 있다.

콜 린 : 안녕!
토 니 : 뭐야?
콜 린 : 비행기표 때문에 아파트를 세 놨어.
토 니 : 너 정말 그 말도 안 되는 일을 하려는 것은 아니지?
콜 린 : 맞아, 그렇게 할 거야. 이 가방이 옷으로 가득 찬 줄 알지? 실은 콘돔으로 꽉 찼어.

90. 낮. 영화 촬영장 세트. 내부
존과 주디, 호화로운 욕실 세트에 있다. 주디, 오랄섹스 흉내를 내고 있다.

토 니 : 아주 좋아요. 좋아요. 완벽해요. 계속하세요.
존 : 저기, 음… 좀 앞서가는 것 같아서 미안한데요. 성탄절에 술마시러 가는 거 별로 안 좋아하죠? 저기, 별 뜻은 없구요. 그냥 혹시 둘이서 성탄절 분위기 보러 가시면 어떨지……. 물론 원하시지 않으면 그러실 필요 없구요……. 내가 지금 무슨 말을 하는지……. 미안해요.

- **tacky**
  초라한, 볼품없는.
- **soaking**
  흠뻑 젖어.
- **flat**
  〈영〉 아파트(= 〈미〉apartment).
- **genuinely**
  진짜로, 정말로.
- **fancy**
  좋아하다.
- **implied**
  함축적인, 암시적인.
- **Chistmassy**
  성탄절다운.
- **obviously**
  물론, 분명히.
- **ramble**
  두서없이 이야기하다.

It's chock-a-block full of condoms.
콘돔으로 꽉 찼어.
• chock-a-block
(사람이나 물건으로) 꽉 찬.

이것만은 꼭!

It's chock-a-block full of condoms.

콘돔으로 꽉 찼어.

JUDY : No, that'd be lovely.

JOHN : O great.

91. INT. FILM SET STUDIO. EVE
And cut on to the next position. She sits on him.

JOHN : That is really great. Normally I'm really shy about this sort of thing.... Takes me ages to get the courage up. So, thank you.

92. INT. CORRIDOR. DANIEL'S HOUSE. EVE
Daniel passes the door of Sam's room, still drumming. He is disgusted.

93. INT. KAREN'S HOUSE. NIGHT
Karen is whipping off Harry's coat.

KAREN : Explain again why you're so late?

HARRY : Oh, for heaven's sake, woman. Can't a man have any secrets?

KAREN : We've been waiting for hours. It's the first ever preview.

She goes to hang his coat - in the pocket she feels something. And takes it out. It is a small flat box. She opens it. It has a delicate gold necklace in it. She smiles and puts it back, then heads into the livingroom where a now total body-suit lobster and very angel await. Harry, the audience, is set and ready.

KAREN : "It was a starry night in ancient Jerusalem, and the baby Jesus was in his manger."

주 디 : 아니에요. 그거 좋은데요.

존 : 오, 좋아요.

91. 저녁. 영화 촬영장 세트. 내부
다음 장면 촬영 중 주디, 존 위에 앉아 있다.

존 : 정말 좋네요. 원래 제가 이런 말 하는 것을 많이 수줍어해서……. 용기를 내서 이런 얘길 하려면 꽤 오래 걸리거든요. 고마워요.

92. 저녁. 다니엘의 집. 복도. 내부
다니엘, 아직도 드럼 소리가 나는 샘의 방을 지나간다. 드럼 소리에 지겨워한다.

93. 밤. 카렌의 집. 내부
카렌, 해리의 코트를 벗기고 있다.

카 렌 : 당신, 왜 늦었는지 다시 설명해 봐요.

해 리 : 정말 죽겠네. 남자는 비밀이 있으면 안 돼?

카 렌 : 우리 오랫동안 기다렸어요. 이게 최초의 시사회인데.

해리의 코트를 걸려고 가다가 코트 주머니에서 무언가 만져지자, 꺼낸다. 작고 평평한 상자이다. 꺼낸 작은 상자를 열어보니 아름다운 금목걸이가 들어 있다. 그녀는 미소를 지으며 다시 주머니에 넣는다. 그리고 가재 의상을 한 아들과 천사 의상을 한 딸이 기다리고 있는 거실로 향한다. 해리도 앉아 기다리고 있다.

카 렌 : "옛날 예루살렘의 별이 빛나는 밤이었어요. 아기 예수님은 말구유에 누워계셨어요."

- **be disgusted**
  질리다.
- **whip off**
  ~를 (홱) 벗다.
- **for hours**
  오랫동안.
- **preview**
  시사, 미리 보기.
- **starry**
  별이 빛나는, 별이 많은.
- **ancient**
  고대의.
- **Jerusalem**
  예루살렘.
- **manger**
  (말)구유.

Take me ages to get the courage up.
용기를 내기까지 시간이 꽤 걸리거든요.
- ages
  오랜 시간.
- take+목적격+시간+to+동사원형
  ~하는데 시간이 걸리다.

ex) It took me three hours to finish the task.
그 일을 끝내는 데 세 시간이 걸렸습니다.

이것만은 꼭!

Take me ages to get the courage up.
용기를 내기까지 시간이 꽤 걸리거든요.

94. INT. LANGUAGE SCHOOL. MAIN STREET. NIGHT
Cut to a huge, neon lit room. It's full of people at formica desks listening to tapes, with big earphones.

LANGUAGE STUDENT 1 : Sherlock Holmes is not a real detective.

LANGUAGE STUDENT 2 : (in Russian) Is this the way to the train station?

LANGUAGE STUDENT 3 : I would like half-pint of cherries.

LANGUAGE STUDENT 4 : I would like a one-day Travel card.

And one of the students is Jamie, practising out loud. And it's not English he's learning. It's Portuguese.

JAMIE : (in Portuguese) I've got a terrible stomachache. It must have been the prawns.

LANGUAGE STUDENT : Milton Keynes has many roundabouts.

95. INT/EXT. UNDERGROUND STATION. DAY
An underground station escalator. Jamie is wearing earphones and apparently talking to himself, practicing Portuguese.

JAMIE : My goodness, this is a very big fish! It tastes delicious.

He's also carrying some Christmas present bags.

96. INT. LIVING ROOM. KAREN'S HOUSE. NIGHT
It's Karen late at night. She picks up a square package, wrapped in white with gold stars. She smiles becanse it twinkles like the Holy Grail.
There's a card. She opens it. Her husband's hand writing.
"Sorry I'm such a grumpy bugger, bad Harry."
She's very delighted, thinking it might be a necklace.

94. 밤. 메인 거리. 어학교. 내부
크고 환한 교실에는 큰 이어폰을 끼고 영어를 공부하는 사람들로 가득 차 있다.

어학생 1 : 셜록 홈즈는 진짜 탐정이 아니야.
어학생 2 : (러시아어로) 여기가 기차역으로 가는 길인가요?
어학생 3 : 체리 반 파인트만 주세요.
어학생 4 : 일일용 여행카드 주세요.

그 중에 제이미가 앉아서 영어가 아닌 포르투갈어를 배우고 있다.

제이미 : (포르투갈어로) 배가 굉장히 아파요. 참새우 때문임에 틀림없어요.
어학생 : 밀튼 키네스에는 교차로가 많아요.

95. 낮. 지하철 역. 내부/외부
지하철역 에스컬레이터에서 제이미, 이어폰을 끼고 혼자서 포르투갈어를 연습하고 있다.

제이미 : 맙소사, 매우 큰 생선이네. 맛있다.

성탄절 선물로 가득 찬 가방을 들고 있다.

96. 밤. 카렌의 집. 거실. 내부
늦은 밤 카렌의 집. 카렌, 성탄절 장식 나무 밑에서 금별 무늬가 있는 하얀색 포장의 선물을 집어든다. 성배처럼 빛나는 것을 보고 미소를 짓는다.
카드가 있어 열어 보니 해리의 글씨이다.
"미안, 나는 못된 놈이오. 나쁜 남편 해리."
카렌, 목걸이일지도 모른다는 생각에 좋아한다.

formica, Formica
포마이커(합성수지 도료).

detective
형사, 탐정.

prawn
참새우.

roundabout
〈영〉 로터리, 환상 교차로(=〈미〉 traffic circle).

underground
〈영〉 지하철(= 〈미〉 subway).

twinkle
반짝반짝 빛나다.

the Holy Grail
성배(聖杯)(예수가 최후의 만찬에서 썼다고 전해지는 술잔).

grumpy
못된, 심술궂은.

bugger
〈영〉 쟁이, 놈.

I've got a terrible stomachache.
배가 굉장히 아파요.
- stomachache
  위통, 복통.
- I've got 은 회화체로서 '~을 가지고 있다', I have의 의미이다.

이것만은 꼭!

I've got a terrible stomachache.
배가 굉장히 아파요.

97. INT. HEATHROW AIRPORT. DAY
Cut to Heathrow airport. Tony and Colin are just coming up the escalator.

TONY : You'll come back a broken man.

COLIN : Yeah, back broken... from too much sex.

TONY : You are on the road to disaster.

COLIN : No, I'm on shag highway, heading west.

Colin is heading to customs, he shouts these final words.

COLIN : Farewell, failure! America, watch out! Here comes Colin Frissell! And he's got a big knob!

98. EXT. AIRPORT. WISCONSIN. NIGHT
We see a view of the airport from the outside. Total snow.

99. EXT/INT. MILWAUKEE AIRPORT. NIGHT
Colin gets into a cab.

COLIN : Take me to a bar.

TAXI DRIVER : What kind of bar?

COLIN : Just any bar. Just average American bar.

100. INT. BAR. WISCONSIN. NIGHT
He heads in. There's not much going on a typical American bar—just a jukebox and a game of pool. He goes to the bar.

BARMAN : Can I help you?

COLIN : Yes, I'd like a Budweiser, please. King of beers.

BARMAN : Bud coming up.

A girl sits at the bar next to him.

97. 낮. 히드로 공항. 내부
히드로 공항. 토니와 콜린, 에스컬레이터를 타고 올라가고 있다.

토 니 : 너는 상처 받아서 돌아올 거야.
콜 린 : 그래, 섹스를 너무 많이 해서 허리부상으로 올 거야.
토 니 : 너는 파멸로 가는 길에 있는 거야.
콜 린 : 아니, 서쪽으로 향해 있는 섹스 고속도로에 있는 거야.

콜린, 세관을 통과하면서 마지막 말을 외친다.

콜 린 : 잘 있어, 실패자야! 미국아, 조심해라. 여기 콜린 프리셀이 나가신다. 그리고 그는 큰 거시기를 가지고 계신다.

98. 밤. 위스콘신 주. 공항. 외부
눈으로 덮힌 공항이 보인다.

99. 밤. 밀워키 공항. 외부/내부
콜린, 택시를 탄다.

콜 린 : 술집으로 가주세요.
택시기사 : 어떤 술집이요?
콜 린 : 아무 술집이나요. 그냥 미국의 보통 술집에요.

100. 밤. 위스콘신 주. 술집. 내부
콜린, 주크 박스와 당구대가 있는 전형적인 술집에 들어선다. 판매대로 다가간다.

바텐더 : 뭘 드릴까요?
콜 린 : 버드와이저 주세요. 맥주 중 최고죠.
바텐더 : 갖다 드리죠.

한 여자가 옆에 와 앉는다.

- **You'll come back a broken man.**
  상처 받아서 돌아올 거야.
  - broken man
    여기서 broken은 '마음의 상처'(heart broken)라는 의미를 내포하고 있다.
- **farewell**
  안녕(오랫동안 헤어질 때 씀).
- **watch out**
  조심하다.
- **knob**
  〈속어〉 음경.
- **average**
  보통의.
- **typical**
  전형적인.
- **jukebox**
  주크 박스, 자동 전축(동전 투입식 음반 연주 장치).

Take me to a bar.
술집으로 가주세요.
- take
  데리고 가다.
  ex) Take me home.
  집에 데려다 주세요.

이것만은 꼭!

Take me to a bar.
술집으로 가주세요.

STACY : Oh, my God. Are you from England?

He turns and looks at her. She's exquisite, just he has imagined.

COLIN : Yes.

STACY : Oh... that is so cute. Hi, I'm Stacy. (She calls out.) Jeannie!

Her best friend turns round from the jukebox. She's also completely stunning.

JEANNIE : Yeah?

STACY : This is....

COLIN : Colin... Frissell.

JEANNIE : Cute name. Jeannie.

STACY : He's from England.

COLIN : Yup. Basildon.

They're impressed.

JEANNIE : Wait till Carol Anne gets here. She's crazy about English guys.

STACY : Uh-huh.

The door opens. Enter a third beauty.

CAROL ANNE : Hey, girls.

JEANNIE : Carol Anne, come meet Colin. He's from England.

CAROL ANNE : Well, step aside, ladies. This one's on me. Hey, gorgeous.

Colin has an insanely huge grin on his face.

스테이시 : 와우, 영국에서 오셨어요?

콜린, 여자를 바라본다. 콜린이 상상했던 것처럼 매력적인 미국여자이다.

콜 린 : 네.
스테이시 : 귀엽네요. 안녕하세요. 저는 스테이시라고 해요. (친구에게) 지니!

그녀의 친구가 주크 박스에 있다가 돌아본다. 그녀 역시 아름답다.

지 니 : 응.
스테이시 : 이쪽은…….
콜 린 : 콜린… 프리셀이에요.
지 니 : 귀여운 이름이네요. 지니예요.
스테이시 : 영국에서 오셨대.
콜 린 : 네, 베이즐던에서 왔어요.

여자들이 놀란다.

지 니 : 캐럴 앤이 곧 올 거예요. 걔는 영국남자들을 엄청 좋아해요.
스테이시 : 맞아요.

문이 열리고 세번째의 매력적인 여자가 들어온다.

캐럴 앤 : 안녕 애들아.
지 니 : 캐럴 앤, 와서 콜린에게 인사해. 영국에서 왔대.
캐럴 앤 : 그래, 그럼 너희들은 옆으로 비켜라. 이 남자는 내 꺼야. 안녕하세요, 꽃미남.

콜린, 너무 좋아 함박 웃음을 웃는다.

- **exquisite**
  아름다운, 절묘한, 세련된.
- **stunning**
  멋진, 매력적인, 절세 미인인.
- **Basildon**
  베이즐던(잉글랜드 동남부 Essex 주 남부의 도시).
- **be crazy about**
  매우 좋아하다.
- **gorgeous**
  멋진, 매력적인.
- **grin**
  싱긋 웃음.

This one's on me.
이 남자는 내 꺼야.
여기서 on은 '소지, 착용'을 뜻한다.
• I didn't have any money on me.
나에게 돈이 하나도 없었다.

이것만은 꼭!

This one's on me.

이 남자는 내 꺼야.

101. INT. BAR. WISCONSIN. NIGHT

Later that night, the four of them are still drinking and laughing together.

STACY : That is so funny! What do... what do you call that?

She points at a bottle.

COLIN : Bottle.

ALL THREE GIRLS : (in mock English accent) Bottle!

CAROL ANNE : What about this?

She points to a straw.

COLIN : Straw.

ALL THREE GIRLS : Straw!

JEANNIE : What about this?

She taps the table.

COLIN : Table.

All three girls draw a deep breath to repeat it.

JEANNIE : Table. The same.

CAROL ANNE : Where are you staying?

COLIN : I don't actually know. I'll just check into a motel like they do in the movies.

STACY : O my God. O my God, that is so cute.

101. 밤. 위스콘신 주. 술집. 내부
잠시 후, 네 명은 계속 술을 마시고 즐기고 있다.

스테이시 : 그거 정말 재미있네요. 이걸 뭐라고 해요?

병을 가리킨다.

콜 린 : 병.
세 여자 모두 : (영국 발음을 흉내내면서) 병!
캐럴 앤 : 이거는요?

빨대를 가르킨다.

콜 린 : 빨대.
세 여자 모두 : 빨대.
지 니 : 이거는요?

탁자를 가르킨다.

콜 린 : 탁자.

세 여자 모두 따라하려고 심호흡을 한다.

지 니 : 탁자, 똑같네.
캐럴 앤 : 어디서 머물고 있어요?
콜 린 : 사실, 몰라요. 영화에서처럼 모텔에서 투숙하려구요.
스테이시 : 오, 저런, 저런, 너무 멋져라.

- **straw**
  빨대.
- **draw a deep breath**
  깊이 숨쉬다, 심호흡하다.
  - draw a long sigh
    긴 한숨을 쉬다.
- **I'll just check into a motel.**
  모텔에서 투숙하려구요.
  - check into
    (호텔 등에) 투숙하다.
- **cute**
  멋진, 깜찍한.

What do you call that?
이걸 뭐라고 해요?
- call
  ~라고 부르다.

이것만은 꼭!

What do you call that?

이걸 뭐라고 해요?

JEANNIE : No, no, no. Listen, this may be a bit pushy 'cause we've just met you. But... why don't you come back and sleep at our place?

COLIN : Well, I mean, you know, if it's not too much of an inconvenience.

CAROL ANNE : Hell, no. But there's one problem.

COLIN : What?

JEANNIE : Well, we're not the richest of girls, you know. So we just have a little bed and no couch. So you'd have to share with all three of us.

CAROL ANNE : And on this cold, cold night, it's gonna be crowded and sweaty and stuff.

STACY : And we can't even afford pajamas.

COLIN : No?

JEANNIE : Which means... we would be naked.

Pause as girls look embarrassed.

COLIN : No, no, I think it'd be fine.

THREE GIRLS : Great.

CAROL ANNE : The thing that's gonna make it more crowded... Harriet. You haven't met Harriet.

COLIN : There's a fourth one?

STACY : Yeah. Don't worry, you're totally gonna like her 'cause she is "the sexy one". (does inverted commas with her fingers)

COLIN : Really? Wow. Praise the Lord.

지 니　　: 저기요, 만난 지 얼마 안 돼서 이렇게 얘기하기 좀 뭐하지만 우리 집에 가서 자는 거 어때요?
콜 린　　: 음… 글쎄요. 뭐… 너무 많이 폐를 끼치지 않는다면…….
캐럴 앤　: 전혀요. 근데 한 가지 문제가 있어요.
콜 린　　: 뭔데요?
지 니　　: 그게요. 우리가 부자가 아니라서 집에 작은 침대만 있고 소파도 없어요. 그래서 우리 셋이랑 침대를 같이 써야 돼요.
캐럴 앤　: 이렇게 춥고 추운 밤, 혼잡하고 땀도 나고 좀 그럴 거예요.
스테이시　: 잠옷도 없어요.
콜 린　　: 그래요?
지 니　　: 그러니까 벌거벗고 자야된다는 말이에요.

세 여자 부끄러워하는 모습이다.

콜 린　　: 아니오, 좋을 것 같은데요.
세 여자　: 좋아요.
캐롤 앤　: 좀 더 복잡하겠는데요……. 한 명이 더 있어요. 해리엇이라고 당신이 아직 못 만난 애예요.
콜 린　　: 네 번째 사람이요?
스테이시　: 네. 걱정마세요. 당신이 좋아할 거예요. 가장 섹시하거든요. (손가락을 따옴표 표시를 하며)
콜 린　　: 정말요? 와우. 주님, 감사합니다.

- **pushy**
  뻔뻔한.
- **inconvenience**
  불편함.
- **couch**
  소파, 침상.
- **share**
  함께 나누다, 공유하다.
- **crowded**
  혼잡한, 복잡한, 붐비는.
- **sweaty**
  땀투성이의, 몹시 더운.
- **inverted**
  거꾸로 한, 거꾸로 된.

We can't even afford pajamas.
잠옷도 없어요.
- can't afford
  ~를 할 여유가 없다.
- I can't afford to buy a new car.
  새 차를 살만한 여유(돈)가 없다.

이것만은 꼭!

We can't even afford pajamas.

잠옷도 없어요.

JEANNIE : And Harriet is a Christian.

ALL : Cheers!

102. EXT. HOUSE IN WISCONSIN. NIGHT

Music swells up as we cut to a little American house covered in gaudy Christams lights and decorations. Colin is silhouetted against the top window being undressed by the three girls.

지 니 : 해리엇도 크리스천이에요.

모 두 : 건배!

102. 밤. 위스콘신 주 집. 외부

소리가 커지면서 성탄절 장식으로 번쩍번쩍 빛나는 작은 미국식 집이 보인다. 위층 창문으로 콜린이 세 여자에 의해 옷이 벗겨지는 모양의 그림자가 보인다.

- swell up
  소리가 커지다.
- gaudy
  번쩍번쩍 빛나는, 번지르르한.
- silhouette
  윤곽만 보이다.

I'm hoping for a late surge. And if I reach number 1,
I promise to sing a song stark naked on TV on Christmas Eve.

It was a starry night in ancient Jerusalem, and the baby Jesus was in his manger.

Table

Straw

Straw

Bottle

Bottle

Table

Straw

Why don't you come back
and sleep at our place?

Movie Talk

영국 영어와 미국 영어

British English vs. American English

영국과 미국 모두 영어를 사용하지만 발음과 철자법, 표현 등에서 서로 다른 점도 많은데 이는 언어가 사용되는 환경에 지배를 받아 변화하기 때문이다. 이러한 점들을 이 영화에서 찾아볼 수 있다. 특히 이 장의 끝 부분인 콜린과 미국 여자들이 술집에서 이야기를 나누는 장면에서 확인할 수 있는데 미국에서는 "bottle"(병)을 [batl]이라고 발음하는 반면 영국에서는 [bɔtl]이라고 한다. 또 하나의 예는, 피터와 줄리엣의 결혼식에 나오는 '세계에서 가장 형편없는 디제이'의 말에 귀기울이면 들을 수 있다. 미국에서는 "half"(절반)를 [hæf]라고 하며 영국에서는 [ha:f]라고 한다. 영국 영어 발음의 가장 큰 특징 중 하나는 미국 영어와는 달리 자음 뒤나 단어 끝에서 [-r]이 묵음된다는 것이다. 따라서 "car"(자동차)를 미국사람은 [ka:r]라고 하지만 영국사람은 [ka:]라고 한다. 이 영화에서 수상역을 맡은 휴 그랜트의 대사를 귀기울여 들어보면 전통적인 영국 영어 발음을 들을 수 있을 것이다.

발음 뿐만 아니라 단어나 숙어 등에서도 다른 점이 있는데 이 영화에서 찾아보면 대표적으로 "bugger off"(나가, 없어져)가 있다. 이 표현은 영국 영어에서만 들을 수 있는 표현이다. 또 하나는 "dodgy"(서투른 ; 위험한, 믿을 수 없는)인데 이는 콜린이 결혼 피로연 음식을 묘사할 할 때와 나탈리가 자신이 사는 동네를 설명할 때 썼던 표현이다. 이밖에도 미국에서는 지하철을 subway라고 하는 반면에 영국에서는 underground라고 하며, 아파트는 미국에서는 apartment, 영국에서는 flat, 산타할아버지도 역시 서로 명

영어 난이도 The Degree of Difficulty ★★★☆

속도 Speed ★★★☆ | 표현 Expression ★★★☆ | 어휘 Vocabulary ★★★☆

칭이 틀린데, 미국에서는 Santa Claus, 영국에서는 Father Christmas라고 한다. 이 영화를 보며 미국 영어와 영국 영어의 차이를 배우는 것도 이 영화의 또 하나의 묘미일 것이다.

Even though both England and America use the same language, English, there are many differences such as in pronunciation, spelling, and a certain expressions. It is because a language changes according to the environment where it is used. We can find some of the differences in this movie. As shown in the scenes in a bar at the end of this chapter, there are certain differences in pronunciation between British English and American English. For instance, while the word, "bottle" is pronounced [batl] in America, in British English it is pronounced [bɔtl]. Another difference we can find is in the earlier chapter where "the worst DJ in the world" in the wedding reception says "I shouldn't be surprised and a half." The pronunciation of the word, "half" in American English is [hæf] whereas it pronounced [haːf] in British English. Lastly, you can find British English drops [-r] before consonants at the end of a word. It is said [kaː] instead of [kaːr] for a word "car" in British English. If you listen to Hugh Grant (PM) closely, you will hear classical British English pronunciation.

Not only in pronunciation, but are there differences in some vocabulary and expressions. One of the typical British English expressions is "bugger off" which means to get away or to clear off. Another one we can hear in the movie is "dodgy" that Colin mentioned to describe the food in the wedding reception as well as Natalie was describing her neighborhood as "dodgy end". The word, dodgy means dangerous, dishonest, or not very strong.

The word, flat, underground, and Father Christmas are also British English. They are called apartment, subway, and Santa Claus respectively in America. This movie may offer you an opportunity to listen to another sound of English.

Chapter 7

Time to Be with the People You Love

사랑하는 사람과 함께 하는 시간

Movie Talk

영국의 크리스마스

Christmas in the United Kingdom

ost

Both Sides Now

Sung by Joni Mitchell

Chapter 7

사랑하는 사람과 함께 하는 시간

Time to Be with the People You Love

시간 01:26:27 ~ 01:40:22

103. INT. KAREN'S HOUSE. NIGHT

Christmas is really in swing now. It's present-opening time at Karen's.

KAREN : One present only each tonight. Who's got one for Dad?

BERNIE : I have.

HARRY : Let mummy go first.

CHRIS : I'll get it.

KAREN : No, no, no. I want to choose mine. I think I want this one.

It's Harry's present.

HARRY : I have, bought the traditional scarf as well... but this is my other... slightly special, personal one.

103. 밤. 카렌의 집. 내부
성탄절 분위기가 한창 무르익어가고 있다. 카렌의 집, 성탄절 선물을 열어보는 시간이다.

카 렌 : 하루에 선물 한 개씩만. 아빠 선물은 누가 준비했니?

버 니 : 저요.

해 리 : 엄마 선물, 먼저 하자.

크리스 : 제가 할게요.

카 렌 : 아니, 아니. 내 선물은 내가 고를게. 난 이거 할래.

해리가 준비한 선물이다.

해 리 : 항상 그렇듯이 스카프를 샀고, 거기다가 이번에는 좀 특별하고 개인적인 것도.

- swing
  활발한 활동, (일의) 진행.
- as well
  또한, 게다가.
- slightly
  조금, 약간.
- personal
  개인적인, 사적인.

KAREN : Thank you. That's a real first.

CHILDREN : Rip it. What is it?

KAREN : I'm going to.... All right, I'll rip it.

She opens it, smiling, full of excitement and love. It is... a CD of Joni Mitchell.

KAREN : That's a surprise....

DAISY : What is it?

KAREN : It's a CD, Joni Mitchell. Wow.

HARRY : To continue your emotional education.

KAREN : Yes. Goodness. That's great.

HARRY : My brilliant wife.

KAREN : Ah! Yes. Actually, do you mind if I just absent myself for a second. All that ice cream. Darling, could you make sure the kids are ready to go? I'll be back in a minute.

She moves slowly out of the room. A slightly mysterious musical sound starts.

104. INT. MIA'S BEDROOM. NIGHT
Mia in her underwear gets up from her bed and sits in front of a mirror, putting on the gold heart necklace.

105. INT. BEDROOM. KAREN'S HOUSE. NIGHT
Cut to Karen in her bedroom. She's just standing there, rigid, listening to Joni, playing loud on the CD.

Moons and Junes and Ferris wheels
The dizzy dancing way that you feel
As every fairy tale comes real
I've looked at love that way

카 렌　: 고마워요. 그런 거 정말 처음이네.
아이들　: 뜯어보세요. 뭐예요?
카 렌　: 내가 할께.

카렌, 흥분과 사랑으로 가득찬 미소로 선물을 풀어본다. 조니 미첼의 CD 이다.

카 렌　: 놀랍네요.
데이지　: 뭐예요?
카 렌　: 조니 미첼 CD네요. 와.
해 리　: 당신의 정서 교육을 위하여.
카 렌　: 세상에, 아주 맘에 들어요.
해 리　: 내 똑똑한 아내.
카 렌　: 무슨! 나, 잠깐 갔다와도 되죠? 아이스크림을 너무 많이 먹었더니. 여보, 아이들 나갈 준비 좀 시켜줘요. 금방 올께요.

카렌, 천천히 방에서 나간다. 약간 이상한 음악이 흐른다.

104. 밤. 미아의 침실. 내부
속옷 차림의 미아, 침대에서 일어나 거울앞에 앉아 하트 금목걸이를 해 본다.

105. 밤. 카렌의 집. 침실. 내부
조니의 노래를 크게 틀어 놓은 채 카렌, 침실에서 굳은 모습으로 서 있다.

달과 보석 그리고 수레바퀴가
어지럽게 춤추는 듯 느껴져요
상상의 이야기가 현실이 되듯이
나는 그런 식으로 사랑을 생각합니다

- **rip**
  찢다.
- **rigid**
  굳은, 경직된, 뻣뻣한, 엄숙한.
- **June**
  보석, 달.
- **Ferris wheel**
  (유원지의) 대회전 관람차.
- **dizzy**
  어지러운, 현기증 나는.
- **fairy tale**
  동화, 꾸며낸 이야기.

Do you mind if I just absent myself for a second.
나, 잠깐 갔다와도 되죠?
- absent
  결석(결근)하다, ~를 비우다.
- Do you mind if ~
  ~를 해도 괜찮겠습니까?
- mind
  신경을 쓰다, 꺼려하다.

ex) She absented herself from class.
그녀는 수업에 결석했다.

이것만은 꼭!

Do you mind if I just absent myself for a second.
나, 잠깐 갔다와도 되죠?

But now it's just another show
You leave 'em laughing when you go
And if you care, don't let 'em know
Don't give yourself away

Tears falls from her eyes.

I've looked at love from both sides now
From give and take, and still somehow
It's love's illusions I recall
I really don't know love
Really don't know love at all
...

She dries her tears and tries to smile, heads back to rejoin family life.

106. INT. KAREN'S HALLWAY/LIVINGROOM. NIGHT
Karen gathers herself before she walks through into the livingroom, where she gets straight back to family business.

KAREN : Oh, my God. It's a miracle. You're all dressed up in house and everything. Come on, you're horribly late. Come on, then. In the car. In the car.

107. INT. LIVINGROOM. DANIEL'S HOUSE. NIGHT
Sam and Daniel are lying on the sofa.

DANIEL : Has she noticed you yet?

SAM : No. You know the thing about romances, people only get together right at the very end.

DANIEL : Of course.

하지만 사랑은 또 다른 쇼예요
당신은 삶을 떠나며 사람을 웃게 합니다
그리고 당신이 염려한다면 그들이 모르게 하세요
당신의 정체를 알리지 마세요

그녀의 눈에서 눈물이 흐른다.

나는 사랑의 양면을 보았어요
주고받는 것에서 그리고 여전히
내가 생각하는 그것은 사랑의 환상입니다
나는 정말 사랑이 무엇인지 모르겠어요
나는 사랑이 무엇인지 전혀 모르겠어요
(하략)

카렌, 눈물을 닦고 웃으려고 노력한다. 그리고는 가족들이 있는 거실로 간다.

106. 밤. 복도와 거실. 내부
카렌, 거실로 가기 전 자신을 추스려 아무 일 없다는 듯이 가족에게 돌아간다.

카 렌 : 오, 이런, 기적이다. 옷을 벌써 다 입었네. 자, 가자. 많이 늦었다. 자 빨리. 차에 타자.

107. 밤. 다니엘의 집. 거실. 내부
샘과 다니엘이 소파에 누워 있다.

다니엘 : 그 애가 너에 대해 눈치 챘니?
샘 : 아니요. 하지만 로맨스에 있어서 사랑하는 사람들은 맨 마지막에 만나게 되잖아요.
다니엘 : 물론 그렇지.

- **leave 'em**
  = leave them
- **give oneself away**
  정체를 드러내다.
- **give and take**
  주고받다, 공평한 거래를 하다.
- **illusion**
  환각, 환상.
- **recall**
  기억하다.

People only get together right at the end.
사랑하는 사람들은 맨 마지막에 만나게 되잖아요.
- get together
  만나다, 모이다.
- right at the end
  맨 마지막에.

이것만은 꼭!

People only get together right at the end.
사랑하는 사람들은 맨 마지막에 만나게 되잖아요.

SAM : By the way, I feel bad. I never ask you how your love life's going.

DANIEL : Er-huh. No. As you know, that was a done deal long ago. Unless of course, Claudia Schiffer calls... in which case I want you out of this house straightaway, you wee motherless mongrel. No, no. We'll want to have sex in every room, including yours.

108. EXT. LONDON. EVE

The next day—Christmas Eve—the camera moves across London. The radio 1 chart show is broadcasting to the nation.

SUNDAY DJ : It's a rainy Christmas Eve all over the UK and the big question is who is number one on the Radio 1 chart show tonight? Is it Blue, or the unexpected Christmas sensation from Billy Mack? Well, you might have guessed it although you may not believe it. It's... Billy Mack!

109. INT. RECORD COMPANY BOARDROOM. EVE

The room is totally packed with record people, all going berserk. "Yes, yes, yes." Joe stands at the desk.

JOE : You are the champion!

Billy stands on a table in the middle of the room and talks on the phone.

SUNDAY DJ : Hi, Billy.

샘 : 근데, 좀 죄송해요. 아버지께 아버지의 사랑에 대해서는 한번도 여쭤보질 않았어요.

다니엘 : 아, 괜찮아. 너도 알다시피 그거야 오래전에 끝난 얘기지. 클로디아 쉬퍼가 전화하면 모를까……. 그때는 너도 집을 나가야지. 엄마 없는 불쌍한 꼬마 녀석. 나는 네 방을 포함한 이 모든 방에서 사랑을 나눌 수 있기를 바란단다.

108. 크리스마스 이브. 런던. 외부

다음날, 성탄절 전날 저녁. 런던거리가 보인다. 라디오 히트 차트가 전국적으로 방송되고 있다.

일요일 디제이 : 성탄절 전날 영국 전 지역에서 비가 내리고 있습니다. 가장 궁금한 것은 누가 라디오 히트 차트에서 1위를 할 것이냐입니다. 블루일까요? 아니면 빌리 맥의 예상 밖의 성탄절 돌풍일까요? 글쎄요, 여러분들이 믿지 않으시겠지만 예측은 하셨을 겁니다. 1위는… 빌리 맥입니다!

109. 크리스마스 이브. 레코드 회사 회의실. 내부

회의실에는 열광하는 회사 직원들로 가득 차 있다. 조, 뒤에서 환호성을 지르며 일어선다.

조 : 해냈어!

빌리, 회의실 중앙에 있는 탁자 위에 서서 전화를 받고 있다.

일요일 디제이 : 안녕하세요, 빌리씨.

- **straightaway**
  즉시, 당장에.
- **wee motherless mongrel**
  이 엄마 잃은 꼬마 녀석. 다니엘이 연민과 장난 섞인 말로 샘을 지칭한 말.
  - wee
    작은, 연소한.
  - motherless
    엄마 없는.
  - mongrel
    잡종.
- **sensation**
  세상을 떠들썩하게 하는 것, 대사건.
- **be packed with**
  ~로 가득 차 있다.
- **berserk**
  열광하는, 광포한.

You are the champion.
해냈어, 네가 우승자야.

이것만은 꼭!

You are the champion.

해냈어.

BILLY : Hello.

SUNDAY DJ : We're live across the nation and you're number one. How will you be celebrating?

BILLY : I don't know. Er, either I could behave like a real rock-'n'-roll loser and get drunk with my fat manager, or when I hang up, I'll be flooded by invitations to a large number of glamorous parties.

SUNDAY DJ : Let's hope it's the latter. And here it is. Number one, from Billy Mack.... It's "Christmas Is All Around".

BILLY : O Jesus, not that crap again!

He hangs up. Gina, a young frisky record executive, steps forward, holding her mobile.

GINA : Bill, it's for you, babe.

Billy takes the phone.

BILLY : Hello. Elton. Of course. Of course. Send an embarrassingly big car and I'll be there.

He hangs up.

BILLY : It's gonna be a very good Christmas.

Joe is a bit lost now in the crowd of Billy's new friends.

빌 리 : 여보세요

일요일 디제이 : 전국 생방송 중입니다. 1위를 하셨습니다. 어떻게 축하를 하실 건가요?

빌 리 : 진짜 록커의 실패자처럼 행동하면서 뚱뚱한 내 매니저와 술에 취하던가 아니면, 전화를 끊자마자 멋진 파티에서 수많은 초대장을 받든가 하겠죠.

일요일 디제이 : 후자이길 바라면서요. 1위곡인 빌리 맥의 "성탄절은 어디에나 있어요"를 보내드립니다.

빌 리 : 오 맙소사, 또 그 노래야!

빌리, 전화를 끊는다. 젊고 활발한 회사 간부인 지나가 전화를 들고 다가온다.

지 나 : 빌, 당신한테 온 전화예요.

빌리, 전화를 받는다.

빌 리 : 여보세요. 엘튼. 물론, 물론이죠. 그럼요. 보기 민망할 정도의 큰 차를 보내주세요. 그러면 가죠.

빌리, 전화를 끊는다.

빌 리 : 아주 근사한 성탄절이 되겠군.

빌리가 새로운 친구들에 휩싸여 있는 동안, 조는 혼자 남겨져 있다.

- **either A or B**
  A 또는 B.
- **get drunk**
  술에 취하다.
- **hang up**
  전화를 끊다.
- **flood**
  넘쳐나다, 밀려오다.
- **the latter**
  후자.
  • the former
  전자.
- **frisky**
  까부는, 활발한.
- **embarrassingly**
  난처하게, 곤란하게.

How will you be celebrating?
어떻게 축하를 하실 건가요?
• celebrate
축하하다.

이것만은 꼭!

How will you be celebrating?

어떻게 축하를 하실 건가요?

110. EXT. JUDY'S FLAT. NIGHT
Cut to Judy's house front door, Judy and John are standing in front of the door.

JUDY : I better be getting inside, actually. My mum and.... You know....

JOHN : Yes, it's getting a bit cold. Well, good night.

JUDY : Night.

Pause. John looks like he's going to kiss her and then appears to lose his nerve. So she leans forward and gives him an awkward but tender parting kiss. He is dazzled.

JUDY : All I want for Christmas is you.

JOHN : Right. Thank you. Good night.

She slips back into the house and closes the door. He turns from the door, then leaps down the steps, ecstatic.

111. EXT. JAMIE'S PARENTS HOUSE. NIGHT
Jamie walks to the door, carrying bags full of presents. He rings the door bell.

112. INT. JAMIE'S PARENTS' HOUSE. NIGHT
The door opens.

JAMIE'S SISTER : Oh, look, every one, it's uncle Jamie.

Instantly a vast number of family members of all ages greet him. Huge excitement.

JAMIE : Yes, oh, splendid. It's lovely to see you all. And, er... I'm off, actually.

JAMIE'S MUM : But Jamie, darling....

JAMIE : Sorry... a man's gotta do what a man's gotta do.

He hands his sister the bags full of presents and leaves.

110. 밤. 주디의 아파트. 외부
주디의 집 앞, 주디와 존이 주디 집 문앞에 서 있다.

주 디 : 이제 들어가야 되요. 제 엄마랑…….
존 : 네 좀 추워지네요. 그럼, 잘 자요.
주 디 : 잘 가요.

침묵이 흐른다. 존, 주디에게 키스를 하려다가 용기를 잃고 그만둔다. 주디, 다가가 어색하지만 부드러운 이별 키스를 해준다. 존, 키스에 현혹된다.

주 디 : 성탄절에 제가 원하는 것은 오직 당신뿐이에요.
존 : 네, 고마워요. 잘 자요.

주디, 집으로 들어간다. 존 문에서 돌아나와 황홀해하며 계단을 뛰어내려 온다.

111. 밤. 제이미 부모님의 집. 외부
선물이 가득한 가방을 든 제이미, 문쪽으로 걸어가 초인종을 누른다.

112. 밤. 제이미 부모님의 집. 내부
문이 열린다.

제이미 누나 : 모두, 여기 좀 봐요. 제이미 삼촌이에요.

갑자기 모든 가족들이 나와 제이미를 반갑게 맞아준다.

제이미 : 이렇게 모두 보니까 참 좋네요. 근데 실은 저 떠나요.
제이미 엄마 : 하지만 제이미, 아들아…….
제이미 : 죄송해요. 남자가 해야할 일을 하려는 거예요.

선물이 가득한 가방을 누이에게 주고 떠난다.

- **I better be getting inside, actually.**
  이제 들어가야 돼요.
  - better = had better
    ~하는 게 낫다.
  - I'd better get some sleep.
    잠을 좀 자두는 게 좋겠다.

- **nerve**
  용기, 담력.
  - lose one's nerve
    용기를 잃다.

- **tender**
  부드러운, 다정한.

- **be dazzled**
  감탄하다. 현혹되다.

- **ecstatic**
  황홀한, 희열에 넘친.

- **splendid**
  화려한, 멋진.

A man's gotta do what a man's gotta do.
남자가 해야 할 일을 하려는 거예요.
- gotta = (have) got to
  ~해야 한다.
- I've gotta go now.
  전 지금 가봐야 돼요.

이것만은 꼭!

A man's gotta do what a man's gotta do.
남자가 해야 할 일을 하려는 거예요.

CHILD 1 : I hate uncle Jamie.

CHILD 2 : I hate uncle Jamie.

CHILD 3 : I hate uncle Jamie!

113. EXT. STREET. NIGHT

Jamie is hailing a cab.

JAMIE : Gatwick airport, please. Fast as you can.

114. INT. FAIRTRADE OFFICE. NIGHT

Karl gets up to leave and walks towards Sarah's desk. There are the only two left in the office this late.

KARL : Good night, Sarah.

SARAH : Good night, Karl.

KARL : I, er....

He looks like he's going to say something about what happened, but he just can't find the words.

KARL : Merry Christmas.

Sarah smiles gently at him. All the possibility has gone.

SARAH : Merry Christmas.

He leaves. Tears well up in her eyes. For the first time, she is the one who dials her mobile. She tries to sound cheerful, in spite of her broken heart.

어린이 1　: 나는 제이미 삼촌이 싫어.
어린이 2　: 나는 제이미 삼촌이 싫어.
어린이 3　: 나는 제이미 삼촌이 정말 싫어.

113. 밤. 거리. 외부
제이미, 택시를 잡아탄다.

제이미　: 게트위크 공항으로 가주세요. 가능한 한 빨리요.

114. 밤. 공정 무역 사무실. 내부
칼, 퇴근하려고 사라의 책상 쪽으로 걸어온다. 늦은 시각 사무실에는 둘 뿐이다.

칼　: 먼저 갈게요, 사라.
사 라　: 잘 가요, 칼.
칼　: 저…….

지난 밤에 대해 말을 하려다 결국은 적당한 말을 찾지 못한다.

칼　: 좋은 성탄절 보내세요.

사라, 그를 보고 부드럽게 웃는다. 둘 사이의 가능성이 모두 사라진다.

사 라　: 좋은 성탄절 보내세요.

칼, 퇴장한다. 사라의 눈에는 눈물이 글썽인다. 처음으로 동생에게 전화를 걸어 그녀의 상처받은 마음에도 불구하고 기분 좋은 척하려고 한다.

- **hail**
  (차, 사람을) 큰 소리로 부르다.
- **possibility**
  가능성. 여기서는 사라와 칼 사이의 사랑이 이루어질 가능성을 의미한다.
- **for the first time**
  처음으로.
- **cheerful**
  쾌활한, 명랑한.
- **in spite of**
  ~에도 불구하고.

Fast as you can.
가능한 한 빨리요.
- as ~ as can(possible)
  할 수 있는 한(가능한 한) 빨리.
- as soon as possible = ASAP
  가능한 한 빨리.

이것만은 꼭!

Fast as you can.
가능한 한 빨리요.

SARAH : Hi, babe, how's it going? Yeah. Is it all party, party, party down there?

115. INT. THE DRAWING ROOM. 10 DOWNING STREET. NIGHT

The PM's pottering around a big room, still leafing through his big work pile in his brief case. He comes across a bunch of Christmas cards... with a note from his secretary on a post-it: Read these—random sample.

He considers it, he puts them aside and works on.

116. INT. DANIEL'S HOUSE. CORRIDOR. NIGHT

Cut to Daniel upstairs outside Sam's room.

DANIEL : Sam, time for dinner.

SAM : I'm not hungry.

DANIEL : Sam, I've done chicken kebabs.

SAM : Look at the sign on the door.

It says, "I said I'm not hungry."

DANIEL : Right.

117. INT. HOSPITAL. NIGHT

Sarah and her brother—they sit in the hospital unwrapping presents. Sarah is putting a scarf round his neck. Michael leans forward to hug her. She hugs him back.

SARAH : It's a little long.

118. INT./EXT. JULIET'S AND PETER'S HOUSE. NIGHT

Inside Peter and Juliet are sitting watching telly. The door bell rings. Juliet gets up.

JULIET : I'll get it.

사 라 : 안녕. 좀 어때? 거기도 파티하고 있니?

115. 밤. 다우닝 가 10번지. 응접실. 내부
수상, 큰 응접실에 앉아 서류들을 대충 넘기고 있다. 책상에는 성탄절 카드가 쌓여 있고 그 위에 비서가 '이 카드를 읽어보세요. 임의로 뽑은 샘플'이라고 적힌 메모가 붙여져 있다.
잠시 보다가 옆에 밀어놓고 일을 계속한다.

116. 밤. 다니엘의 집. 내부. 복도
다니엘, 샘의 방 앞에 서 있다.

다니엘 : 샘. 저녁 먹어라.
샘 : 배 안 고파요.
다니엘 : 샘, 치킨 카보브했는데.
샘 : 문에 붙은 사인을 보세요.

방 문에는 "배 안 고프다고 말씀드렸잖아요."라고 쓰여 있다.

다니엘 : 그래, 알았다.

117. 밤. 병원. 내부
사라와 그녀의 동생이 병원에서 선물을 풀고 있다. 사라, 스카프를 그의 목에 둘러준다. 마이클, 사라에게 기대며 포옹을 한다. 사라 역시 동생을 안아준다.

사 라 : 좀 기네.

118. 밤. 줄리엣과 피터의 집. 내부/외부
줄리엣과 피터, TV를 보고 있다. 초인종이 울리자 줄리엣이 일어난다.

줄리엣 : 내가 나갈께.

- **leaf through**
  쭉 페이지를 넘기다, 쭉 훑어보다.
- **random**
  임의의, 무작위의.
- **kebab, kabob**
  카보브(양념한 채소와 고기의 꼬치 구이).
- **unwrap**
  포장을 풀다.
- **telly**
  텔레비전(= television).
- **I'll get it.**
  내가 나갈께.
  문을 열어주려 할 때나 전화를 받으려 할 때 쓰는 표현.

Time for dinner.
저녁 먹어라.
• time for~
~ 할 시간이다.
• It's time for bed.
잠 잘 시간이다.

이것만은 꼭!

Time for dinner.
저녁 먹어라.

She leaves the livingroom, goes down the stairs and opens the front door. It's Mark.

JULIET : Oh, hi.

PETER : (VO) Who is it?

Mark mimes "shhhhh". He has a bunch of big white cards. On them Mark has written stuff in clumsy felt pen. The first one reads, "Say it's carol singers."

JULIET : It's carol singers.

PETER : (VO) Give them a quid and tell them to bugger off.

Mark bends and pushes the button on a small boogie box. It starts to play a tape of carol singers, singing "Silent Night Holy Night". Then he produces the rest of the cards, one by one.

With any luck by next year
I'll be going out with one of these girls.

A card showing pictures of the four most gorgeous girls in the world.

But for now, let me say,
without hope or agenda,
just because it's Christmas.
(And at Christmas you tell the truth)
To me, you are perfect.
And my wasted heart will love you
until you look like this....

Picture of a mummified corpse.

줄리엣, 1층으로 가서 문을 열자 마크가 서 있다.

줄리엣 : 어, 안녕.
피 터 : (목소리만) 누구야?

마크, 손가락을 입술에 갖다대며 조용히 하라는 사인을 한다. 글이 적혀 있는 여러 개의 큰 카드를 들고 있다. 첫 카드에는 "캐럴 부르는 사람들이라고 말해."라고 쓰여 있다.

줄리엣 : 캐럴 부르는 사람들이야.
피 터 : (목소리만) 그럼 1파운드 주고 꺼지라고 해.

마크, 몸을 숙여 작은 카세트를 튼다. 캐럴 부르는 사람들이 부르는 '고요한 밤 거룩한 밤'이 흘러나온다. 마크, 가지고 온 카드를 하나씩 보여준다.

내년에 혹시 운이 따라준다면
여기 이 여자들 중 한 사람과 데이트 할 거야.

카드에는 세상에서 가장 매력적인 4명의 여자 사진이 있다.

지금은 성탄절이니까
아무 희망이나 의도없이
그냥 말할게.
(성탄절에는 진실을 말하는 거니까.)
나에게 너는 완벽한 사람이야.
당신이 이렇게 될 때까지 나의 이 헛된 마음은
당신을 사랑할 거야.

미라 사진을 보여준다.

- **clumsy**
  모양 없는, 서투른.
- **felt pen**
  펠트펜(= felt-tip pen, felt marker).
- **bugger off**
  나가다, 가버리다.
- **boogie box**
  카세트.
- **agenda**
  계획, 의도.
- **mummified corpse**
  미라로 만들어진 시체, 미라.

Give them a quid.
1파운드 줘라.
quid는 영국 속어로 1파운드를 의미한다.
미국에서는 1달러를 one buck라고 흔히 표현한다.

이것만은 꼭!

Give them a quid.
1파운드 줘라.

Merry Christmas.

She mouths back "Merry Christmas".
He gives her two thumbs up and turns away, taking the boogie box.
Suddenly a tap on his shoulder. He turns. Juliet has run after him and gently kisses him on the lips. She smiles and walks away.

MARK : Enough. Enough now.

119. INT. JOE'S FLAT. NIGHT

And there's Joe in his room, he's got a bottle of champagne open, and he's drinking on his own, watching Billy's video on TV.

120. INT. JOE'S FLAT. NIGHT

JOE : What the hell are you doing here? You're supposed to be at Elton John's.

BILLY : Well, I was there for a minute or two and then I had an epiphany.

JOE : Really.

BILLY : Yeah.

JOE : Come on. Just come up.

Cut into Joe's livingroom.

JOE : So what... was this epiphany?

BILLY : Erm, it... it was about Christmas.

JOE : You realised it was all around.

BILLY : No. I realised that Christmas is a time to be with the people you love.

즐거운 성탄절이 되길…….

줄리엣, 입모양으로만 "즐거운 성탄절, 보내."라는 말을 한다.
마크, 두 엄지손가락을 추켜세워 보이고는 카세트를 챙겨 뒤돌아간다.
누군가 어깨를 두드려 돌아보니 어느새 줄리엣이 와 있다. 줄리엣, 마크의 입술에 살며시 키스를 하고 웃어주고는 돌아간다.

마 크 : 충분해. 지금은 이걸로 충분해.

119. 밤. 조의 아파트. 내부
조, 그의 방에서 샴페인 병을 들고 혼자 마시며 빌리의 비디오를 보고 있다.

120. 밤. 조의 아파트. 내부

조 : 여기서 도대체 뭘하고 있는 거야? 엘튼 존 집에 있어야 하는 거 아냐?
빌 리 : 한 1, 2분 정도 있었어. 근데 갑자기 생각나는 게 있더라구.
조 : 그래?
빌 리 : 응.
조 : 어서 들어와.

조의 거실.

조 : 그래 갑자기 생각난 게 뭔데?
빌 리 : 성탄절에 관한 거였어.
조 : 어디에나 다 성탄절이라는 걸 깨닫기라도 한 거야.
빌 리 : 아니, 성탄절에는 자기가 사랑하는 사람과 같이 있어야 한다는 것을 깨달았어.

- **thumbs up**
  동의, 만족의 표시.
  • thumbs down
  거부, 불만족의 표시.
- **run after**
  뒤쫓아가다.
- **champagne**
  샴페인.
- **epiphany**
  직관, 통찰.

You're supposed to be at Elton John's.
엘튼 존 집에 있어야 하는 거 아니야?
• Elton John's = Elton John's place
• be supposed to
~하기로 예정되어 있다.
ex) She's supposed to be there by now.
그녀는 아마 지금쯤이면 거기에 있을 거야.

이것만은 꼭!

You're supposed to be at Elton John's.
엘튼 존 집에 있어야 하는 거 아니야?

You know the thing about romances,

people only get together right at the very end.

Merry Christmas.

Merry Christmas.

With any luck by next year
I'll be going out with one of these girls.
But for now, let me say,
without hope or agenda,
just because it's Christmas
(And at Christmas you tell the truth)
To me, you are perfect,
And my wasted heart will love you
Until you look like this....
Merry Christmas.

ME, YOU ARE
PERFECT

JOE : Right.

BILLY : And I realised that, as dire chance and fateful cockup would have it, here I am, mid-fifties and without knowing it, I've gone and spent most of my adult life with a chubby employee. And much as it grieves me to say it, it might be that the people I love is, in fact, you.

JOE : Well, this is a suprise.

BILLY : Yeah.

JOE : 10 minutes at Elton John's and you're a gay as a maypole.

BILLY : No, I'm serious here. I left Elton's where there were a hefty number of half-naked chicks with their mouths open in order to hang out with you. At Christmas.

Pause.

JOE : Well, Bill....

BILLY : It's a terrible, terrible mistake, Chubs... but you turn out to be the fucking love of my life. And, to be honest, despite all my complaining, we have had a wonderful life.

Joe is actually deeply moved.

조 : 그래.

빌 리 : 이 극단적인 순간에 결정적인 잘못이 깨달아지더라구. 성인이 되고 인생의 대부분을 뚱뚱한 고용인과 함께 지내왔다는 사실을 모른 채 이제 50대 중반에 이르렀고, 그리고 이런 말 하는 내가 서글프지만 내가 사랑하는 사람은 사실 자네라는 거지.

조 : 와우, 놀라운 걸.

빌 리 : 그렇지.

조 : 10분 동안 엘튼 존 집에 있다오더니 동성연애자가 되어버렸네.

빌 리 : 아니야, 진심이야. 반쯤 벗은 많은 젊은 여자들이 나랑 어떻게 해볼려고 말을 걸고 하는 그 앨튼 존 집에서 나왔다니까. 그것도 성탄절에.

침묵이 흐른다.

조 : 그래, 빌.

빌 리 : 아주 아주 큰 실수를 한 거지, 뚱보… 자네가 내가 사랑하는 사람이 되어 버렸군. 그리고 사실을 말하자면, 내 그 모든 불평에도 불구하고 우리는 멋진 인생을 살아왔어.

조, 깊은 감동을 받는다.

- **dire**
  극단적인.
- **fateful**
  숙명적인, 결정적인.
- **cockup**
  〈영〉 큰 잘못, 엉망.
- **grieve**
  마음을 아프게 하다, 슬프게 하다.
- **gay as a maypole**
  (여자 같은) 동성연애자.
  - maypole
    꽃과 리본 등으로 장식한 기둥으로 여성스러움을 상징함.
- **hefty**
  상당한, 많은.
- **chick**
  젊은 아가씨.
- **despite**
  ~에도 불구하고.

You turn out to be the fucking love of my life.
자네가 내가 사랑하는 사람이 되어버렸군.
- turn out to be
  ~가 되어버리다, ~가 밝혀지다.
  ex) It turned out to be true.
  사실임이 밝혀졌다.

이것만은 꼭!

You turn out to be the fucking love of my life.

자네가 내가 사랑하는 사람이 되어버렸군.

JOE : Well... thank you. I mean, It's been an honour. I feel very proud.

He sticks out his hand for a sentimental handshake.

BILLY : Oh, don't be a moron.

And gives him a huge bear hug.

BILLY : Come on, let's get pissed and watch porn.

조 : 고마워. 영광이었어. 자랑스럽게 생각해.

조, 손을 내밀어 다감한 악수를 하려고 한다.

빌 리 : 오, 바보같이 굴지 마.

빌리, 크게 안아준다.

빌 리 : 자, 오줌 좀 싸고 포르노나 보자구.

- **It's been an honour.**
  영광이었어.
  honour는 영국식 철자로 미국 영어에서는 honor로 쓰인다.
- **sentimental**
  감상적인, 다감한.
- **moron**
  바보, 저능아.
- **bear hug**
  강한 포옹.
- **get pissed**
  오줌을 누다.
- **porn**
  포르노.
  = porno

Movie Talk

영국의 크리스마스

Christmas in the United Kingdom

벽난로에 양말을 걸어 놓고 선물을 기다리는 것과 캐럴을 부르는 풍습은 영국에서 시작되었다. 벽난로에 양말을 걸어놓게 된 유래는 산타가 굴뚝을 타고 내려오다가 금전을 떨어뜨렸는데, 떨어뜨린 동전이 말리려고 벽난로 앞에 걸어둔 양말 속으로 떨어졌다는 이야기에서 비롯되었다. 그 이후로 선물을 바라는 마음으로 양말을 벽난로에 걸어두게 되었다.

'기쁨의 노래'라는 의미의 캐럴은 중세 시대에 '찬양대'라는 노래하는 사람들이 고대 캐럴을 부르면서 성탄절의 의미를 전하는 풍습에서 비롯되었다. 독일이 발상지로 알려진 산타클로스는 영국에서도 역시 인기이다. 영국의 어린이들은 산타클로스를 Father Christmas라고 부른다. 영국의 산타는 길고 품이 넓은 겉옷을 입고 길고 흰 머리에는 호랑가시나무의 어린 가지를 하고 있다. 영국의 성탄절의 또 하나의 특색은 12월 26일 Boxing Day, 스데반의 축제(the feast of St. Stephen)가 있다는 것이다. 전통적으로 이날에는 자선 남비를 개방하여 어려운 사람들에게 나누어주는 것에 그 의의를 둔다. 이것이 확장되어 사람들은 자신보다 더 가난한 사람들에게 돈을 주곤한다. 그래서 성탄절 전후로 하여 거리에는 돈을 구걸하는 사람들로 가득 차 문제를 일으키기도 한다.

The custom of hanging stockings from the mantelpiece and of singing carols at Christmas are of English origin. The story about the former custom is as follows: The Santa dropped some gold coins while coming down the chimney. The coins would have been lost if there had been no stocking that was hung out to dry. Since that time children have continued to hang out stockings in hopes of finding them filled with gifts.

Carol, another Christmas feature, means song of joy. During the middle ages, groups of serenaders called "waits" would travel around from house to house singing ancient carols and spreading the holiday spirit. Santa Claus which has a German origin is also popular. British children call Santa Claus as Father Christmas. The old-fashioned Father Christmas was depicted wearing long robes with sprigs of holly in his long white hair. There is one more special day in great Britain called Boxing Day, the feast of St. Stephen, which takes place on December 26. Traditionally, it is on this day that the alms box at every English church is opened and the contents are distributed to the poor. The custom was expanded to giving to anyone and everyone who had less money than you did, and soon the streets at Christmas time were full of aggressive soliciting of tips.

ost

Both Sides Now

Sung by Joni Mitchell

Bows and flows of angel hair
And ice-cream castles in the air
And feather canyons everywhere,
I've looked at clouds that way

But now they only block the sun
They rain and snow on everyone
So many things I would have done,
but clouds got in my way
I've looked at clouds from both sides now
From up and down and still somehow

It's cloud's illusions I recall I really don't know clouds at all
Moons and Junes and Ferris wheels
the dizzy dancing way after you feel
As every fairy tale comes real,
I've looked at love that way
But now it's just another show,
you leave 'em laughing when you go
And if you care don't let 'em know,
don't give yourself away

I've looked at love from both sides now
From give and take and still somehow
It's love's illusions I recall I really don't know love
I really don't know love at all
Tears and fears and feeling proud,
to say, "I love you" right out loud
Dreams and schemes and circus crowds

I've looked at life that way
But now old friends are acting strange
They shake their heads, they say I've changed
But something's lost but something's gained in living every day

I've looked at life from both sides now
From win and lose and still somehow
It's life's illusions I recall I really don't know life at all

It's life's illusions I recall I really don't know life
I really don't know life at all

Chapter 8

All I Want for Christmas Is You

성탄절에 원하는 사람은 오직 당신뿐이에요

Movie Talk
다른 나라의 성탄절
Christmas in the World

Chapter 8

성탄절에 원하는 사람은 오직 당신뿐이에요

All I Want for Christmas Is You

시간 01:40:23 ~ 01:57:05

121. INT. THE DRAWING ROOM. 10 DOWNING STREET. EVE

Back to the PM. Still alone. He spots the Christmas cards again. He picks them up casually.

First a couple of boring ones, the third one jolts him—it is from Natalie. He reads it.

NATALIE : (VO) Dear Sir, Dear David. Merry Christmas and I hope you have a very happy New Year. I'm very sorry about the thing that happened. It was a very odd moment and I feel like a prize idiot. Particularly because (If you can't say it at Christmas, when can you, right?) I'm actually yours. With love. Your Natalie.

He pauses, puts it down, re-reads it. He makes up his mind. Picks up a phone, pushes one button.

PM : Jack, yeah, I need a car. Right now. Thank you.

Big music starts to play. He leaves the drawing room.

121. 크리스마스 이브. 다우닝 가 10번지. 응접실. 내부

수상, 아직도 혼자서 일하고 있는 중이다. 다시 성탄절카드를 쳐다보고 그 중 임의적으로 몇 개를 집는다.

처음 두 장은 평범한 내용이고 세 번째 카드가 그의 시선을 잡는다. 나탈리에게서 온 카드이다. 그것을 읽는다.

나탈리 : (목소리만) 각하, 데이비드에게. 즐거운 성탄절 보내세요. 그리고 새해에 복 많이 받으시구요. 그때 일어났던 일에 대해서는 정말 죄송해요. 뜻밖의 순간이었고 제가 꼭 명예에 눈이 먼 사람이 된 기분이었어요. 특히 왜냐하면 (성탄절에 말할 수 없다면 언제 할 수 있겠어요, 그렇죠?) 저의 사랑은 사실 당신 것이니까요. 당신의 나탈리.

수상, 잠시 머뭇거리다 다시 읽는다. 마음의 결단을 내리고 전화기를 들어 버튼을 누른다.

수 상 : 잭, 차 좀 대기시켜줘요. 지금 당장. 고마워요.

음악이 크게 연주되기 시작한다. 수상, 방을 나간다.

- **spot**
  보다, 발견하다.
- **jolt**
  놀라게 하다.
- **prize idiot**
  상에 눈이 먼 사람.
- **make up one's mind**
  마음을 정하다.
  - I've made up my mind.
    제 마음을 결정했습니다.

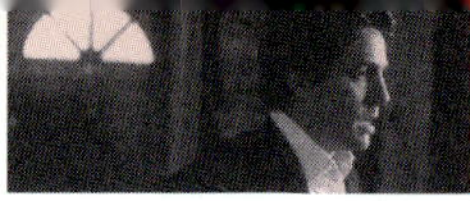

122. INT. DOWNING STREET. STAIRCASE/CORRIDOR/INNER LOBBY/ENTRANCE HALL. NIGHT
He runs down the staircase, through the empty inner lobby and out towards the front door. There's a security person there.

PM : Oh, don't wait up.

123. EXT. 10 DOWNING STREET. NIGHT
He gets into the car.

PM : I'd like to go to Wandsworth. The dodgy end.

COPPER : Very good, sir.

124. EXT. PM'S CAR. ALBERT BRIDGE. NIGHT
We see the PM's car, accompanied by a police car with blue light flashing, heading south across the river.

125. INT/EXT. PM'S CAR. WANDSWORTH STREET. NIGHT
The PM and his cars arrive in Wandsworth and turn into a long street of near identical houses.

DRIVER : Harris Street. What number, sir?

PM : O God, it's the longest street in the world and I have absolutely no idea.

126. EXT. HARRIS STREET. NIGHT
The PM gets out to begin to search for Natalie—he rings the doorbell of number one, Harris Street—he has with him a bodyguard, who is five yards away. An old lady opens the door.

PM : Hello, does Natalie live here?

122. 밤. 다우닝 가. 계단/복도/로비/문. 내부
수상, 계단을 뛰어 내려가 로비를 지나 문 쪽으로 간다. 경비가 서 있다.

수 상 : 나, 오늘 기다리지 마세요.

123. 밤. 다우닝 가 10번지. 외부
수상, 차에 탄다.

수 상 : 완즈워스로 갑시다. 서민들이 사는 곳으로.
사 경 : 잘 알겠습니다.

124. 밤. 앨버트 다리. 수상의 차. 외부
파란불을 번쩍이는 경찰차를 동반한 수상의 차가 강을 가로질러 남쪽을 향해 가고 있다.

125. 밤. 완즈워스 거리. 수상의 차. 내부/외부
수상의 차가 완즈워스에 도착한다. 주위에는 똑같이 생긴 집들이 죽 늘어서 있다.

운전기사 : 해리스 가입니다. 번지 수가 어떻게 됩니까, 각하?
수 상 : 오, 맙소사. 세상에서 가장 긴 길이네. 전혀 모르는데…….

126. 밤. 해리스 거리. 외부
수상, 나탈리를 찾기 시작한다. 해리스 거리의 첫 번째 집의 초인종을 누른다. 그의 뒤에는 보디가드가 5야드 정도 떨어져 서 있다. 할머니가 문을 연다.

수 상 : 안녕하십니까? 나탈리라고 혹시 여기에 삽니까?

- **wait up**
  기다리다.
- **accompanied by**
  ~를 동반한.
- **flashing**
  번쩍이는.
- **identical**
  동일한, 똑같은.
- **yard**
  야드(길이의 단위, 약 0.914미터).

I'd like to go to Wandsworth.
완즈워스로 갑시다.
- would like to+동사원형
  ~하고 싶다.
- I would like to have a cup of coffee.
  커피 한잔 주세요.

이것만은 꼭!

I'd like to go to Wandsworth.

완즈워스로 갑시다.

OLD LADY : No.

PM : Right, fine. Thank you. Sorry to disturb.

OLD LADY : Here, aren't... aren't you the Prime Minister?

PM : Yes, in fact, I am. Merry Christmas.

OLD LADY : Oh.

PM : Part of the service now. Trying to get round everyone by New Year's Eve.

Cut to him ringing on the next door. Three very little girls answer.

PM : Ah, hello. Does Natalie live here?

LITTLE GIRL 1 : No, she doesn't.

PM : O dear. Okay.

LITTLE GIRL 1 : Are you singing carols?

PM : Ah. No, no, no.

LITTLE GIRL 2 : Please sir, please.

LITTLE GIRL 3 : Please.

PM : Well, I mean, I suppose I could.

LITTLE GIRL 3 : Please.

PM : Right.

ALL THREE LITTLE GIRLS : Horray! Horray!

PM : "Good King Wenceslas looked out on the feast of Stephen...." (he gestures towards the bodyguards who joins heartily) "When the snow lay roundabout, deep and crisp and even. Brightly shone the moon that night..."

The kids are dancing, loving it.
The PM knocks on another door—number 100. It opens. There is Mia. And on her neck, the necklace.

할머니 : 아니요.
수 상 : 그렇군요. 알겠습니다. 고맙습니다. 귀찮게 해서 죄송합니다.
할머니 : 저기 혹시… 수상 각하 아니세요?
수 상 : 네, 맞습니다. 기쁜 성탄절 되세요.
할머니 : 오!
수 상 : 공무 중의 하나죠. 새해 전날까지 모든 사람을 만나려고요.

다음 집의 초인종을 누르자 세 명의 어린 여자 애들이 나온다.

수 상 : 안녕, 나탈리라고 여기 살고 있니?
어린 소녀1 : 아니요. 안 살아요.
수 상 : 그래, 알았다.
어린 소녀1 : 캐럴을 부르실 건가요?
수 상 : 오, 아니, 안 부를 거란다.
어린 소녀2 : 해주세요, 네? 부탁이에요.
어린 소녀3 : 해주세요.
수 상 : 글쎄, 있잖아, 할 수는 있는데…….
어린 소녀3 : 제발요.
수 상 : 그러지.
세 소녀 모두 : 우와! 신난다!
수 상 : "웬슬라스 왕이 스티븐의 잔치에 오네… (보디가드들에게 손짓하자 같이 부른다.) 주위에는 눈이 내려 온 세상을 덮네. 달이 환히 빛나는 밤에……"

아이들이 신나서 춤을 춘다.
수상, 100번지 집의 초인종을 누른다. 선물 받은 목걸이를 하고 있는 미아가 나온다.

- **get round**
  여기저기 다니다, 만나다.
- **feast**
  향연, 축제.
- **round about**
  주위에.
- **crisp**
  (날씨, 공기 등이) 상쾌한, 서늘한.
- **shone**
  shine(빛나다)의 과거 · 과거분사형.

Sorry to disturb.
귀찮게 해서 죄송합니다.
• disturb
방해하다, 귀찮게 하다.

이것만은 꼭!

Sorry to disturb.
귀찮게 해서 죄송합니다.

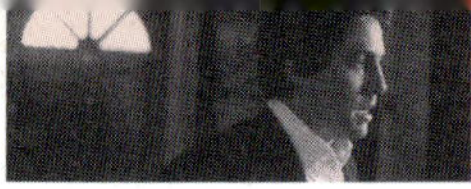

PM : Hello. Sorry to disturb. Does Natalie live here?

MIA : No. She lives next door.

PM : Ah, brilliant.

MIA : You're not who I think you are, are you?

PM : Yes, I'm afraid I am. Sorry about all the cockups, not my fault—my cabinet are absolute crap. We hope to do better next year. Merry Christmas to you.

PM runs his hand through his hair, then, walks slowly and fatefully round to the next house. Finally he reaches it and rings the bell.

127. INT. NATALIE'S HOUSE. NIGHT

The door opens and a whole family is crowded into a thin corridor, obviously just seconds before all going out. They're all there, nine people and not Natalie.

PM : Ah, hello. Is, er, Natalie in?

Natalie hasn't seen him and is coming downstairs.

NATALIE : Where the fuck is my fucking coat? Oh. Hello.

PM : Hello.

Big awkwardness.

NATALIE : This is my mum and my dad and my uncle Tony and my Auntie Glynne....

SOMEONE : Hello.

PM : Very nice to meet you.

NATALIE : And, this is... the Prime Minister.

MUM : Yes, we can see that, darling.

수 상 : 귀찮게 해서 죄송합니다. 나탈리라고 여기에 삽니까?

미 아 : 아니요. 옆집에 살아요.

수 상 : 오, 그렇군요.

미 아 : 제가 생각하고 있는 분이 아니시죠?

수 상 : 네, 맞습니다. 쓸데없는 일로 죄송합니다. 제 실수는 아닙니다. 내각 의원들이 항상 문제죠. 내년엔 나아지겠죠. 즐거운 성탄절 되세요.

수상, 머리를 쓸어올리고 천천히 진지하게 옆 집으로 걸어가 초인종을 누른다.

127. 밤. 나탈리의 집. 내부

문이 열리자 온 가족들이 외출 준비를 하고 좁은 복도에 서 있다. 9명의 사람 중 나탈리는 보이지 않는다.

수 상 : 안녕하십니까? 나탈리 있습니까?

나탈리, 수상을 보지 못하고 계단을 내려 오고 있다.

나탈리 : 도대체 내 빌어먹을 외투는 어디에 있는 거야? 어머, 안녕하세요.

수 상 : 안녕하세요.

어색한 분위기가 흐른다.

나탈리 : 이분이 제 엄마 그리고 아빠, 이분은 토니 이모부, 그리고 글린 이모세요.

어떤 사람 : 안녕하세요.

수 상 : 만나서 모두 반갑습니다.

나탈리 : 참 그리고 이 분은… 수상 각하세요.

엄 마 : 우리도 안 단다, 얘야.

- **brilliant** 재치 있는, 훌륭한.
- **cockups** 〈영, 속어〉 엉망진창.
- **cabinet** 내각.
- **crap** 어리석은 생각, 헛소리(= nonsense).
- **fatefully** 중대하게, 결정적으로.
- **awkwardness** 어색함.

She lives next door.
그녀는 옆집에 살아요.
여기서 door는 '집'이라는 의미이다.

이것만은 꼭!

She lives next door.

그녀는 옆집에 살아요.

NATALIE : And unfortunately we're very late.

MUM : It's the school Christmas concert, you see, David, and it's the first time all the local schools have joined together, even St. Basil's which is most....

NATALIE : Too much detail, mum.

DAD : Anyway... ahm.... How can we help, sir?

PM : Well, I just needed Natalie... on some state business.

DAD : Right, yes. Of course. (He looks at his watch.) Right, well, perhaps you should come on later, plumpy... Natalie....

PM : No. Look, I don't want to make you late for the concert.

NATALIE : No, it's nothing really.

MUM : Keith'll be very disappointed.

NATALIE : No, really. It doesn't matter.

MUM : The octopus costume has taken me months. Eight is a lot of legs, David.

PM : Listen, why don't I give you a lift? And then we can talk about this "state business" business in the car.

That's not bad news for Natalie.

NATALIE : Okay.

MUM & DAD : Lovely.

나탈리 : 저기 죄송하지만 저희가 많이 늦었어요.

엄 마 : 학교에서 성탄절 콘서트가 있어요, 데이비드 씨. 이 주변의 모든 학교가 모이는 건 이번이 처음이에요. 심지어 세인트 베이즐 학교라는 가장…….

나탈리 : 그렇게 자세히 얘기하실 필요 없어요, 엄마.

아 빠 : 어쨌든, 음… 무엇을 도와드릴까요, 각하?

수 상 : 그게, 나탈리하고… 업무상 좀 이야기할 게 있습니다.

아 빠 : 그렇군요. 그러시죠. (시계를 본다.) 그러면… 넌 나중에 오렴, 뚱보… 나탈리.

수 상 : 아닙니다. 저 때문에 콘서트에 늦는 것은 원치 않습니다.

나탈리 : 아니, 괜찮아요. 정말 별 거 아니에요.

엄 마 : 키이스가 많이 실망할 텐데…….

나탈리 : 정말 아니에요. 별로 상관없어요.

엄 마 : 문어 옷 만드는 데 수개월이나 걸렸어요. 여덟 개면 정말 많은 다리죠, 데이비드씨.

수 상 : 그러면 제가 데려다 주면 어떨까요? 그리고 그 국가 업무에 대한 사항은 차에서 얘기를 나누도록 합시다.

나탈리, 만족해한다.

나탈리 : 좋아요.

엄마 & 아빠 : 그거 좋네요.

- **on some state business**
  업무상, 사업상.
- **plumpy**
  뚱보.
  여기서는 집에서 나탈리를 부르는 애칭.
- **octopus**
  낙지, 문어.
- **costume**
  무대 의상.
- **lift**
  차를 태워줌.

It doesn't matter.
상관없어요.
= It is no matter.
• matter
문제, 일.

이것만은 꼭!

It doesn't matter.

상관없어요.

128. INT./EXT. PM'S CAR. WANDSWORTH. NIGHT
We see the police car is totally full of family.

POLICEMAN : Hold tight, everybody.

Cut into the PM's car behind—the PM, Natalie and her brother Keith sitting between them. Dressed as an octopus.

PM : How far is this place?

NATALIE : Just round the corner.

PM : Alright. Well, er... I just wanted to say... thank you for the Christmas card.

NATALIE : You're welcome. Look, I'm so sorry about that day. I mean I came into the room, and he slinked towards me and there was a fire and he's the president of the United States and... nothing happened, I promise, and I just felt such a fool because... I think about you all the time actually. And I think that you're the man I really...

OCTOPUS KEITH : We're here!!!

NATALIE : (whispers so quietly the PM doesn't hear) ...love....

PM : Wow, that really was just round the corner.

The octopus—the brother—climbs awkwardly over the PM, struggling to get out of the car.

PM : Look, I think I'd better not come in, the last thing anyone wants is some sleazy politician stealing the kids' thunder.

NATALIE : No, please come. It'll be great.

128. 밤. 완즈워스. 수상의 차. 내부/외부
경찰차가 나탈리의 가족으로 가득 찼다.

경찰관 : 모두, 꽉 잡으세요.

수상의 차 뒷좌석에는 문어 의상을 입은 동생이 수상과 나탈리 사이에 앉아 있다.

수 상 : 학교까지 얼마나 되나요?
나탈리 : 바로 코앞이에요.
수 상 : 그래요. 난 성탄절 카드 보내줘서 고맙다고 말하고 싶었어요.
나탈리 : 뭘요. 그날은 죄송했어요. 그 분이 저한테 다가오셨고 거기엔 난로가 있었고… 그분은 미국의 대통령이시잖아요. 아무 일도 없었어요. 맹세해요. 제가 바보같다고 생각했어요. 사실은… 저는 당신만 항상 생각하는데… 그리고 당신은 정말 제가…….
키이스 : 다 왔어요!!!
나탈리 : (조용히 속삭여 수상이 듣지 못한다.) … 사랑하는 분이에요.
수 상 : 와, 정말 코앞이네요.

문어 의상을 입은 동생이 수상을 넘어 차에서 내리려고 버둥거린다.

수 상 : 나는 들어가지 않는 게 좋겠어요. 아무도 타락한 정치인이 아이들의 공연을 와서 보는 걸 원하지 않을 거예요.
나탈리 : 그러지 말고 같이 가세요. 재미있을 거예요.

- **hold tight**
  꽉 붙잡다.
- **slink**
  살금살금 다가오다.
- **struggling**
  노력하는, 버둥거리는, 애쓰는.
- **sleazy**
  타락한.
- **politician**
  정치가.
- **kid's thunder**
  아이들 잔치, 여기서는 공연을 의미함.

Just round the corner.
바로 코앞이에요.
• round(around) the corner
바로 근처에, 임박하여.
ex) Christmas is just round the corner.
이제 곧 성탄절이다.

이것만은 꼭!

Just round the corner.

바로 코앞이에요.

PM : No, I better not. But I will be very sorry to drive away from you.

NATALIE : Just give me one second.

129. EXT. SCHOOL CAR PARK. NIGHT

She jumps out of the car and runs towards the school, through the car park, which is full of action.

Then cut to Judy and John, with John's brother. There's a little nephew there.

JOHN'S BROTHER : John's been very mysterious. Where did you two meet?

JUDY : Ahm....

JOHN : Uhm....

Daniel and Sam are arriving, Sam carrying drumsticks, very determined looking.

130. EXT. ARRIVALS GATE. FRENCH AIRPORT. EVE/NIGHT

A sign says Aeroport Marseille. Jamie exists below it. He sees a taxi but at the same moment an oldish woman walks towards it. His English politeness gets the better of him, and he lets her take the cab. Then jumps up and down in frustration at what he's done. But instantly, another cab turns up, he leaps in.

131. EXT. SCHOOL. NIGHT

Natalie comes back to the car.

NATALIE : Come on in. We can watch from backstage.

Little pause.

PM : Okay. Terry, I won't be long.

As they step out, he pauses in a moment of clarity

수 상　: 아니오, 안 들어가는 것이 좋을 것 같아요. 하지만 당신과 헤어지는 것은 정말 유감스럽군…….

나탈리　: 그럼 조금만 기다려 주세요.

129. 밤. 학교 차 주차장. 외부

나탈리, 차에서 나와 복잡한 주차장을 통해 학교로 달려간다. 주디와 존, 존의 형과 조카와 같이 있다.

존의 형　: 존이 요즘 이상하다 했더니. 둘이 어디서 만났어요?

주 디　: 어…….

존　: 어…….

다니엘과 샘, 학교에 도착한다. 북채를 손에 든 샘은 비장한 모습이다.

130. 크리스마스 이브/밤. 프랑스 공항. 도착문. 외부

마르세유 공항이라고 쓰인 간판이 보인다. 그 밑으로 제이미가 걸어 나온다. 택시를 보고 타려하지만 그때 할머니가 걸어오는 것을 보고 영국 신사의 공손함이 발동하여 노인에게 양보한다. 그러고는 후회하며 발을 구른다. 곧 또 다른 택시가 다가와 그 차를 탄다.

131. 밤. 학교. 외부

나탈리, 차로 돌아온다.

나탈리　: 오세요. 무대 뒤에서 보면 돼요.

잠시 망설인다.

수 상　: 그럽시다. 테리, 금방 오도록 하겠네.

차에서 내리면서 수상, 명확하게 하기 위해 잠시 멈춘다.

- **I will be sorry to drive away from you.**
  당신과 헤어지는 것은 유감스럽군.
  - sorry
    유감스러운.

  ex) I feel sorry for him.
  그에 대해 유감스럽게 생각해.
- **nephew**
  남자 조카.
  - niece
    여자 조카.
- **mysterious**
  이상한, 수상한.
- **determined looking**
  비장한 얼굴.
- **politeness**
  공손함.
- **frustration**
  좌절, 차질, 욕구 불만.
- **backstage**
  무대 뒤쪽.
- **clarity**
  명백, 명료.

Just give me one second.
그럼 조금만 기다려 주세요.
- second
  초.

= Wait a second.
= Wait a minute.
= One minute.

이것만은 꼭!

Just give me one second.
그럼 조금만 기다려 주세요.

PM : This has to be a very secret visit, okay?

NATALIE : Don't worry, this was my school. I know my way around. Come on.

They set off to another, not busy gate.

132. INT. CORRIDOR/BACKSTAGE. SCHOOL. NIGHT

Back at school—Karen, kids and Harry are late. The PM, Natalie and the bodyguards also going down a little corridor in a sort of backstage area... and then the two parties bump into each other....

KAREN : Look, come on. Sheep are ready already and you're not even... David!

She hugs him. And stays hugging him a bit longer than you'd expect. He's surprised by her intensity.

PM : How are you? Hi, guys. (waving to his niece and nephew) Are you alright?

KAREN : What the hell are you doing here?

PM : Well, you know, I....

KAREN : I always tell your secretary's secretary's secretary these things are going on but it never occurred to me you'd actually turn up....

PM : Well, I thought it was about time I did, I just didn't want everyone to see, so I'm just going to hide myself somewhere and watch the show. Good luck, Daisy! Good luck, Bernie.

KAREN : I have to tell you, I've never been gladder to see my stupid big brother. Thank you.

수 상　: 이것은 비밀로 지켜져야 해요. 알죠?
나탈리　: 걱정 마세요. 여기는 제 모교예요. 주변을 잘 알고 있어요. 자 어서요.

사람이 드문 문쪽으로 들어간다.

132. 밤. 학교. 내부. 복도/무대 뒤
카렌과 해리, 아이들이 늦어서 서둘러 좁은 복도를 걸어가고 있다. 수상과 나탈리, 요원들 역시 무대 뒤쪽의 좁은 복도를 걸어가고 있다. 그러던 중 두 일행이 맞부딪친다.

카 렌　: 자 어서, 양들은 벌써 다 준비됐는데 너는 아직… 데이비드!

카렌, 수상과 생각보다 좀 길게 포옹을 한다. 수상, 누이의 평소와 다른 강도 있는 인사에 좀 놀란다.

수 상　: 잘 지내세요? 애들아 안녕. (조카들에게 손을 흔들며) 괜찮으시죠?
카 렌　: 여기서 도대체 뭘 하고 있는 거야?
수 상　: 뭐 그냥…….
카 렌　: 내가 항상 네 비서의 비서의 비서에게 이런 행사에 대해서 얘기는 하지만 한번도 네가 올 거라는 생각을 안했는데…….
수 상　: 와봐야 될 때가 된 것 같아서. 여기 모든 사람들을 만나는 게 좀 그래서, 사람들이 잘 볼 수 없는 곳에서 보다가 갈게. 데이지하고 버니 잘해라.
카 렌　: 내 큰 동생을 보니 너무 너무 반갑다. 와줘서 고맙다.

- **set off**
  가다, 출발하다.
- **party**
  일행, 패거리.
- **bump into**
  우연히 만나다.
- **longer than you'd expect**
  생각〔기대〕보다 더 길게.
- **intensity**
  강렬함, 격렬함.
- **go on**
  (어떤 모임이) 행해지다.
- **occur to**
  생각이 나다, 머리에 떠오르다.
- **turn up**
  모습을 나타내다.
- **I've never been gladder to see my stupid big brother.**
  내 큰 동생을 보니 너무 너무 반갑다.
  • never been gladder
  더 반가운 적이 없다, 즉 아주 많이 반갑다는 의미.

I know my way around.
주변을 잘 알고 있어요.
• around
주변, 부근.
영국에서는 around를 '위치'에 쓰고, '이동'에는 round를 쓴다.

이것만은 꼭!

I know my way around.

주변을 잘 알고 있어요.

PM : It's alright.

KAREN : O now, we haven't been introduced.

Natalie and the bodyguard can't go on standing there any longer.

PM : All right. This is Gavin, my copper. And this is Natalie who's my... er... catering manager.

NATALIE : Hi.

KAREN : Catering manager. Well, watch out he keeps his hands off you. 20 years ago you would have been just his type.

They all laugh.

NATALIE : I'll be very careful. (to the PM) Don't try something, sir, just cos it's Christmas....

KAREN : No, seriously.

A bell goes, the show's starting.

KAREN : Come on. Show time. Quickly. Look, see you after.

PM : Yeah. probably.

KAREN : Thank you, Prime Minister.

PM : It's all right.

NATALIE : Come on.

PM : Right.

PM and Natalie head off and enter a sort of backstage area, full of ropes and pulleys.

수 상 : 네. 뭘요.
카 렌 : 우리 한 번도 만난 적 없죠.

나탈리와 보디가드들은 오도 가도 못 하고 서 있다.

수 상 : 좋아요. 여기는 가빈이라구 내 보디가드고, 여기는 나탈리, 내… 영양사…야.
나탈리 : 안녕하세요.
카 렌 : 영양사라구요. 재가 작업 들어올지 모르니까 조심해요. 20년 전이라면 당신이 딱 얘의 이상형이니까요.

모두 웃는다.

나탈리 : 조심하겠습니다. (수상에게) 단지 성탄절이라는 이유로 어떻게 해보겠다는 생각은 마세요, 각하.
카 렌 : 농담이에요.

종이 울리고 발표회가 시작된다.

카 렌 : 시작한다. 빨리 서두르자. 나중에 보자.
수 상 : 볼 수 있으면요.
카 렌 : 고맙습니다, 각하.
수 상 : 뭘요.
나탈리 : 이리 오세요.
수 상 : 알았어요.

수상과 나탈리는 밧줄과 도르레가 있는 무대 뒷편으로 간다.

- **We haven't been introduced.**
  우리 한 번도 만난 적 없죠?
  처음 만나는 사람들이 소개하거나 소개되길 원하는 의미로 표현.
- **copper**
  경관.
- **catering manager**
  영양사.
- **cos**
  ~이기 때문에.
  = because
- **Show time.**
  행사 또는 연극이 시작하는 시간.
- **rope**
  밧줄.
- **pulley**
  벨트차, 도르래.

See you after.
나중에 보자.
= See you later.

이것만은 꼭!

See you after.
나중에 보자.

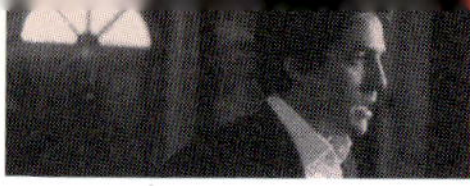

133. INT. SCHOOL HALL. NIGHT

Cut into the concert—it's the climax of a Nativity scene. The cast are singing "Catch a Falling Star".

Catch a falling star and put it in your pocket
Save it for a rainy day
Catch a falling star and put it in your pocket
Never let it fade away
Never let it fade away
Never let it fade away

There is Jesus surrounding by Mary, Joseph, and angels. Widen to take in the cast of cows, sheep and lots and lots of sea creatures—lobsters, prawns, an octopus, a blue whale etc. And, for no reason, spiderman.

134. INT. SCHOOL HALL. NIGHT

MR. TRENCH : Hiller School would now like to present their chosen Christmas number. Lead vocals by ten-year-old Joanna Anderson.

Daniel looks up to see Joanna.

MR. TRENCH : Backing vocals coordinated by her mother, the great Mrs. Jean Anderson. Some of the staff have decided to help out, and for this we ask you to forgive us. Thank you.

The song begins in darkness, the tinkling of innocent Christmas bells and then in the spotlight appears the lead singer—She is a fabulous 10-year-old girl.

133. 밤. 학교 강당. 내부

콘서트가 한창이다. 참가자가 '떨어지는 별을 잡으세요'를 부르고 있다.

떨어지는 별을 잡아서 당신 주머니에 넣어 두세요
비오는 날을 위해 아껴 두세요
떨어지는 별을 잡아서 당신 주머니에 넣어 두세요
절대로 빛을 잃지 않게 하세요
절대로 빛을 잃지 않게 하세요
절대로 빛을 잃지 않게 하세요

무대 위에는 마리아와 요셉과 천사들에 둘러싸인 예수가 있다. 화면이 점점 커지며 소, 양, 그리고 가재, 참새우, 문어, 흰긴수염고래 등과 같은 많은 바다 동물들을 비춘다. 그 중에는 아무 상관 없는 스파이더 맨도 있다.

134. 밤. 학교 강당. 내부

트랜치씨 : 힐러학교가 뽑은 최고의 순서인 10살의 소녀 조안나 앤더슨이 노래하는 그룹을 소개합니다.

다니엘, 조안나를 보기 위해 고개를 든다.

트랜치씨 : 또한 조안나의 어머니, 진 앤더슨이 이끄는 보조 보컬들을 소개합니다. 스태프 중 몇몇이 돕기로 하셨습니다. 이 점 양해해 주시기 바랍니다. 감사합니다.

어두움 속에서 딸랑딸랑하며 맑은 성탄절 종소리가 들리면서 노래가 시작된다. 잠시 후 조명이 노래하는 사람을 비춘다. 그녀는 10살의 멋진 소녀이다.

- **climax**
  절정.
- **sea creature**
  바다 생물.
- **prawn**
  참새우.
- **blue whale**
  흰긴수염고래.
- **number**
  프로그램 (중의 하나), 상연물(의 하나).
- **tinkling**
  딸랑딸랑 울리는 소리.
- **spotlight**
  각광, 스포트라이트.
- **fabulous**
  굉장한, 훌륭한, 아름다운.

Never let it fade away.
절대로 빛을 잃지 않게 하세요.
- fade away
  사라지다, 색이 바래다.
  ex) Old sddiers never die, they just fade away.
  노병은 죽지 않는다. 다만 사라질 뿐이다.

이것만은 꼭!

Never let it fade away.

절대로 빛을 잃지 않게 하세요.

I don't want a lot for Christmas
There is just one thing I need
I don't care about the presents
Underneath the Christmas tree

And the PM and Natalie, quite close to the stage now, peer through from the wings.

I just want you for my own
More than you could ever know
Make my wish come true
All I want for Christmas
Is you

The parents are all take aback by her fantastic voice.
Sam's monotonous drums suddenly make fantastic sense.
The head of the backing vocals is Joanna's mum. Behind them a choir of kids. At one moment Daniel looks towards Sam and sends a distinctive "she's the one" finger. Sam nods with a smile.
The PM and Natalie are watching on from backstage. Although when someone approaches, he puts his hand round her waist to guide her further back behind the curtain.
It is an exuberant fabulous end to the show. Some parents start to stand. Daniel and then Harry are hot on their heels, eventually everyone is standing. John and Judy are having a particularly funky time, both dancing quite badly on the balcony. In the backstage, the PM and Natalie are moving closer and closer together.

I don't want a lot for Christmas
There is just one thing I need
I don't care about the presents
Underneath the Christmas tree

성탄절에 많은 것을 원하지 않아요
내게 필요한 건 단 한가지 뿐이에요
성탄절 나무 아래 선물엔 관심이 없어요

수상과 나탈리, 무대 가까이 서서 보고 있다.

당신이 알고 있는 것보다도 더 당신을 원해요
내 소원을 이루어 주세요
내가 성탄절에 원하는 것은
오직 당신뿐이에요

부모들 모두 그녀의 아름다운 목소리에 빠져든다.
샘의 단조로운 드럼 소리도 멋있게 들린다.
코러스의 대표는 조안나의 엄마이다. 뒤에는 어린이 합창단이 있다. 다니엘, 샘을 향해 '얘가 바로 그 여자애예요'라는 의미로 엄지 손가락을 내보인다. 샘, 웃음으로 답한다.
수상과 나탈리, 무대 뒤에서 보고 있다. 누군가가 다가오려 하면 수상은 나탈리의 허리에 손을 감아 커텐에서 멀어지도록 당긴다.
발표회가 환상적으로 마무리되고 있다. 몇몇 부모들은 일어서기 시작한다. 다니엘과 해리도 자리에서 일어난다. 마침내 모든 부모들이 일어난다. 존과 주디는 발코니에서 어색한 춤을 추고 있다. 무대 뒤에서는 수상과 나탈리가 서로에게 점점 더 다가가고 있다.

성탄절에 많은 것을 원하지 않아요
내게 필요한 건 단 한 가지뿐이에요
성탄절 나무 아래
선물엔 관심이 없어요

- **underneath**
  ~의 아래에, 밑에.
- **peer through**
  보다, 주의해서 보다.
- **monotonous**
  단조로운.
- **make sense.**
  뜻이 통하다, 사리에 맞다.
- **choir**
  합창단.
- **distinctive**
  특유의, 특이한.
- **exuberant**
  화려한, 풍부한.
- **be on one's heels**
  일어서다, 서다.
- **eventually**
  마침내.
- **funky**
  펑크 (음악)의, 소박한 블루스풍의.

Make my wish come true.
제 소원을 이루어 주세요.
• come true
(꿈이) 실현되다.

이것만은 꼭!

Make my wish come true.
제 소원을 이루어 주세요.

I just want you for my own
More than you could ever know
Make my wish come true
All I want for Christmas
Is you
You, baby...

Oh, all the lights are shining
So brightly everywhere
And the sound of children's langhter fills the air
Laughter fills the air
Everyone is singing
Oh, yeah

I hear those sleigh bells ringing
Santa won't you bring me my honey
Won't you please bring my baby to me

I don't want a lot for Christmas
This is all I'm asking for
I just wanna see my baby
Standing right outside my door
Cos I just want you for my own
More than you could ever know
You will ever know

당신이 알고 있는 것보다도
더 당신을 원해요
내 소원을 이루어 주세요
내가 성탄절에 원하는 것은
오직 당신 뿐이에요
내 사랑 그대……

모든 빛이 모든 곳에서
너무도 밝게 빛나고 있어요
어린애들의 웃음소리가
하늘을 가득 채워요
모두가 노래를 부르고 있죠

썰매 방울소리가 들려요
산타할아버지, 내 사랑을 데려다 주시지 않을래요
내 사랑을 제발 데려와 주시지 않을래요

난 크리스마스에 많은 걸 바라지 않아요
내가 원하는 건 단지 이것뿐이에요
난 그저 내 현관문 밖에 서서
내 사랑을 보고 싶을 뿐이에요
난 당신이 알 수 있는 것보다 더
당신을 원해요

- **come true**
  (희망 · 꿈 등이) 실현되다, (예언이) 적중하다.
- **sleigh**
  썰매.
- **right**
  바로, 알맞게, 꼭.

I just wanna see my baby.
내 사랑을 보고 싶을 뿐이에요.
• baby
연인.

이것만은 꼭!

I just wanna see my baby.
내 사랑을 보고 싶을 뿐이에요.

Make my wish come true

All I want for Christmas

Is you

And you and you and you and you

And I want for Christmas...

Finally Joanna reaches the final "All I want for Christmas..." and at one point she points and stares straight at Sam. But then she moves to the audience. Sam's smile disappears.
The audience explodes into applause.
Finally the stage backdrop goes up to reveal the little surprise—a full painted winter wonderland, saying "Merry Christmas," clearly done by all the children.
A slightly bigger surprise is that standing there in the middle of the stage, are the Prime Minister and Natalie kissing. The audience are so surprised to see what just happened.

PM : Right. So not quite as secret as we'd hoped.

NATALIE : What do we do now?

PM : Smile.

They both smile awkwardly.

PM : Take a bow.

They both bow. The audience starts to applaud.

PM : And a wave.

They both wave and leave the stage.

내 소원을 이뤄주세요
내가 크리스마스에 원하는 건
당신뿐
그리고 당신 그리고 당신
내가 크리스마스에 원하는 건……

마침내 조안나, 노래의 마지막 부분, "내가 성탄절에 원하는 것은……"에 다다르고 그 순간 샘을 손으로 가리키며 쳐다본다. 하지만 그 손은 청중에게로 가서 다른 모든 사람들을 가리킨다. 샘의 미소가 사라진다.
관중들 우레와 같은 박수를 보낸다.
마지막으로 무대 커튼이 올라가면서 아이들이 그린 '즐거운 성탄절 되세요'라고 쓰인 겨울 놀이 공원이 나타난다.
더욱 놀라운 것은 커튼이 올라가자 무대 뒤 중앙에서 수상과 나탈리가 키스하고 있다. 모든 사람들, 그 장면을 보고 놀란다.

수 상 : 우리가 바랐던 그런 비밀은 없겠군.
나탈리 : 이제 어떻게 하죠?
수 상 : 미소를 지어요.

둘 다 어색하게 미소를 짓는다.

수 상 : 인사를 해요.

둘 다 인사를 한다. 관중들 박수를 친다.

수 상 : 그리고 손을 흔들어줘요.

손을 흔들며 무대를 나간다.

- **stare at**
  빤히 쳐다보다.
- **disappear**
  사라지다.
- **explode into applause**
  박수갈채가 터져나오다.
- **backdrop**
  〈영〉 배경막.
- **wonderland**
  놀이 공원, 훌륭한 곳.
- **Take a bow.**
  인사하다.

So not quite as secret as we'd hoped.
우리가 바랐던 그런 비밀은 없겠군.
- as ~ as
  ~처럼, ~와 같은.
- She was not as beautiful as I had imagined.
  그녀는 상상했었던 것만큼 아름답지는 않았다.

이것만은 꼭!

So not quite as secret as we'd hoped.
우리가 바랐던 그런 비밀은 없겠군.

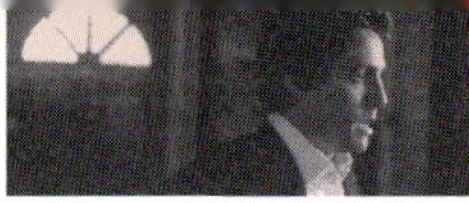

135. INT. SCHOOL HALL. NIGHT
Harry waits while Karen says goodbye to some other parents.

KAREN : (to people) Absolutely no idea. I mean, can you imagine? See you later, all right? I'll speak to you. Bye. (to Harry) Tell me, if you were in my position, what would you do?

HARRY : What position is that?

KAREN : Imagine your husband bought a gold necklace and come Christmas, gave it to somebody else.

HARRY : Oh, Karen.

KAREN : Would you wait around to find out....

A WOMAN : Good night.

KAREN : Night, darling. Happy Christmas. (to Harry) Would you wait around to find out if it's just a necklace or if it's sex and a necklace or if, worst of all, it's a necklace and love? Would you stay, knowing life would always be a little bit worse? Or would you cut and run?

HARRY : O God. I am so in the wrong. A classic fool.

KAREN : Yes, but you've also made a fool out of me. You've made the life I lead foolish, too.

At which moment, Bernie and Daisy come to Karen. She immediately kicks into her mother job pretending nothing happened.

KAREN : Darling. Ooh, Darlings! Oh, you were wonderful.... And my little lobster, you were so.... What is that word? Orange. Come on, I've got treats at home. Dad's coming.

135. 밤. 학교 강당. 내부
해리, 카렌이 다른 부모들과 인사를 나누고 있는 동안 기다리고 있다.

카 렌 : (사람들에게) 전혀 몰랐어요. 어떻게 상상이나 할 수 있겠어요? 그럼, 안녕. (해리에게) 당신이 제 입장이라면 어떻게 할 거예요?

해 리 : 어떤 입장?

카 렌 : 당신 남편이 금목걸이를 사서, 성탄절날 그것을 다른 사람한테 주었다면요.

해 리 : 오, 카렌.

카 렌 : 당신이라면 기다릴 건가요……?

어떤 여자 : 잘 가세요.

카 렌 : 잘 가세요, 해피 크리스마스. (해리에게) 당신이라면 그게 그냥 목걸이만인지, 아니면 목걸이와 섹스, 그것도 아니면 최악의 경우 목걸이와 사랑인지를 알아내기 위해 기다릴 건가요? 결혼 생활이 항상 그렇게 좋지 않을 것을 알면서도 그냥 그렇게 살 건가요? 아니면 포기하고 그냥 떠날 건가요?

해 리 : 오, 이런. 내가 정말 잘못했소. 어리석었소.

카 렌 : 그래요. 당신은 나를 그리고 내가 살아온 인생도 바보로 만들었어요.

버니와 데이지가 발표회를 마치고 오자 카렌, 아무 일 없었다는 듯이 엄마의 모습으로 돌아온다.

카 렌 : 얘들아, 참 잘했다. 귀여운 내 가재. 넌 참 그거 뭐지 오렌지같더구나. 자, 가자. 집에 맛있는 것을 준비했단다. 아빠도 오실 거야.

- **find out**
  찾아내다.
- **worst of all**
  무엇보다도 나쁜 것은, 최악의 경우로.
- **cut and run**
  도망치다.
- **classic fool**
  엄청난 바보.
- **pretend**
  ~하는 척하다.
- **treat**
  한턱, 대접.

You've also made a fool out of me.
나 역시 바보로 만들었어요.
• make a fool of
바보 취급하다.
• make a fool of oneself
웃음거리가 되다, 창피를 당하다.

이것만은 꼭!

You've also made a fool out of me.
나 역시 바보로 만들었어요.

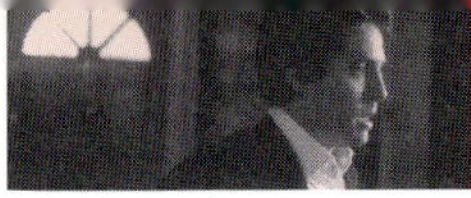

136. INT. SCHOOL CORRIDOR. NIGHT

Afterwards in the school corridor the atmosphere is explosive and excited. Daniel bursts through the doors to find Sam.

DANIEL : Sam-my! Fantastic show. Classic drumming, son.

SAM : Thanks. Plan didn't work, though.

DANIEL : Tell her, then.

SAM : Tell her what?

DANIEL : Tell her that you love her.

SAM : No way. Anyway, they fly tonight.

DANIEL : Even better. Sam, you've got nothing to lose and you'll always regret it if you don't. I never told your mum enough. I should have told her every day because she was perfect every day. You've seen the films, kiddo. It ain't over till it's over.

Pause.

SAM : Okay, Dad. Let's do it. Let's go get the shit kicked out of us by love.

DANIEL : Yes!

SAM : Just give me one sec....

DANIEL : Yeah.

He runs off. Daniel turns and bumps into someone—she is a mother with a boy. She looks like Claudia Shiffer.

136. 밤. 학교 복도. 내부
학교 복도는 성탄절과 발표회의 흥분된 분위기가 감돌고, 다니엘이 문을 박차고 나와 샘을 찾는다.

다니엘 : 샘! 아주 멋진 쇼였어. 멋진 드럼 솜씨였어, 아들아.
샘 : 고마워요. 계획이 실패로 돌아갔어요.
다니엘 : 그럼 그 애한테 얘기해.
샘 : 뭘 얘기해요?
다니엘 : 네가 그 애를 사랑한다는 것을 말하라구.
샘 : 절대 안 돼요. 어쨌든 오늘 밤 떠나요.
다니엘 : 더 잘됐네. 샘, 네가 손해볼 것 아무것도 없잖아. 오늘 얘기하지 않으면 넌 평생 후회할 거야. 나는 네 엄마한테 충분히 고백하지 못했단다. 매일 고백했어야 했는데. 엄마는 항상 완벽했는데. 너도 비디오 봤잖아. 정말 끝날 때까진 끝난 게 아니야.

잠시 침묵이 흐른다.

샘 : 알았어요, 아빠. 할께요. 그럼 가서 사랑으로 끝장내버리자구요.
다니엘 : 그러자!
샘 : 잠깐만요.

샘, 어디론가 달려간다. 다니엘, 몸을 돌리다가 오던 사람과 부딪힌다. 한 아들을 데리고 있는 그녀는 클로디아 쉬퍼와 너무 흡사하게 생겼다.

- **atmosphere**
  분위기.
- **burst**
  갑자기, 나타나다.
- **classic**
  최고 수준의.
- **regret**
  유감스럽게 생각하다, 후회하다.
- **ain't**
  am not, are not, is not, have not, has not의 단축형.
- **Let's go get the shit kicked out of us by love.**
  그럼 가서 사랑으로 끝장내버리자구요.
  • kick the shit out of somebody
  누군가를 심하게 때려서 상처를 내다.
- **run off**
  달려가다, 도망가다.
- **look like**
  ~처럼 보이다.

You've got nothing to lose.
네가 손해 볼 건 아무것도 없잖아.
• have got
가지고 있다.

이것만은 꼭!

You've got nothing to lose.

네가 손해 볼 건 아무것도 없잖아.

DANIEL : Oh, I'm sorry.

CAROL : Sorry.

DANIEL : That's OK. My fault.

CAROL : No, no, really, it wasn't. You're Sam's dad, aren't you?

DANIEL : Yeah. Stepdad, actually. Daniel.

CAROL : I'm Carol.

DANIEL : Carol.

Deep pause. The two adults just look at each other.

SAM : Okay, I'm back. Let's go.

DANIEL : Yeah. Well... I hope we'll meet again, Karen.

CAROL : Carol, I'll make sure we do.

DANIEL : Yeah? Good.

As they walk away....

SAM : Tell her.

DANIEL : What?

SAM : You know....

He starts making kissing noises.

DANIEL : Don't be such an arse.

다니엘 : 미안해요.
캐 럴 : 죄송해요.
다니엘 : 괜찮아요. 제 실수예요.
캐 럴 : 아니에요, 그렇지 않아요. 샘 아빠 되시죠?
다니엘 : 네, 실은 새 아빠예요. 다니엘이라고 합니다.
캐 럴 : 저는 캐럴이에요.
다니엘 : 캐럴.

잠시 침묵이 흐른다. 서로를 쳐다본다.

샘 : 됐어요. 이제 가요.
다니엘 : 네, 그럼 다시 만날 수 있기를 바랍니다, 카렌.
캐 롤 : 캐럴이에요. 다시 만날 거예요.
다니엘 : 네.

다니엘과 샘, 걸어 나가면서…….

샘 : 말씀하세요.
다니엘 : 뭘?
샘 : 아시잖아요.

샘, 키스하는 소리를 낸다.

다니엘 : 말도 안 되는 소리.

- **stepdad**
  의붓아버지, 양부(養父).
- **make sure**
  다짐하다, 확신하다.

I hope we'll meet again.
다시 만날 수 있기를 바랍니다.

이것만은 꼭!

I hope we'll meet again.

다시 만날 수 있기를 바랍니다.

All I want for Christmas is you.

Hello, is Natalie in?

I don't want a lot for Christmas
There is just one thing I need
I don't care about the presents
Underneath the Christmas tree
I just want you for my own
More than you could ever know
Make my wish come true
All I want for Christmas
Is you
You, baby...

Oh, all the lights are shining
So brightly everywhere
And the sound of children's langhter fills the air
Laughter fills the air
Everyone is singing
Oh, yeah

I hear those sleigh bells ringing
Santa won't you bring me my honey
Won't you please bring my baby to me

I don't want a lot for Christmas
This is all I'm asking for
I just wanna see my baby
Standing right outside my door
Cos I just want you for my own
More than you could ever know
You will ever know

Make my wish come true
All I want for Christmas
Is you
And you and you and you and you
And I want for Christmas...

MERRY

137. EXT. SCHOOL YARD. NIGHT
Lots of cars and action.

SAM : Look, there she is.

DANIEL : Where?

SAM : Over there.

20 yards away, Joanna gets into a big car, which instantly drives away.

SAM : O no.

DANIEL : It's okay, we'll go to the airport. I know a shortcut.

They get into their car and drive to the airport.

137. 밤. 학교 마당. 외부
학교 마당에는 많은 사람들과 차로 가득 차 있다.

샘 : 저기 봐요. 그 애가 저기 있어요.
다니엘 : 어디?
샘 : 저기요.

얼마 떨어진 곳에서 조안나가 차를 타자마자 출발한다.

샘 : 오, 안 돼.
다니엘 : 걱정하지 마. 우리도 공항으로 가자. 내가 지름길을 알아.

그들도 차를 타고 공항으로 향한다.

- **There she is.**
  그 애가 저기 있어요.
  - There you are.
    여기 있네.
- **over there**
  저기.
  there의 거리를 강조한 것임.
  - over here
    여기.
- **shortcut**
  지름길.

Movie Talk

다른 나라의 성탄절

Christmas in the World

성탄절은 원래 예수님의 탄생을 축하하기 위한 것이지만 하느님을 믿든 안 믿든 세계 거의 모든 나라들이 성탄절을 즐긴다. 예수님이 태어난 베들레헴에서는 성탄절 전날 많은 사람들이 모여 성탄절 행렬을 구경한다. 경찰이 이끄는 행렬은 예수님상을 교회에 놓는 것으로 끝난다. 베들레헴의 기독교 신자는 성탄절 전날 문에 십자가를 그리고 각 집마다 집에서 만든 말구유 그림으로 장식을 한다.

남미의 브라질에서는 여자 목자와 집시가 어린 예수를 납치한다는 내용의 민속 연극 "Los Pastores"(목자)를 즐긴다. 또한 성탄절 음식과 케이크, 와인 등을 마시며 소풍과 잔치를 즐긴다. 집에서는 성탄 장식을 하며 많은 사람들이 가족과 함께 교회에 간다.

독특한 풍습을 가진 네덜란드에서는 다른 나라와는 달리 산타클로스가 선물을 주는 게 아니라 산타의 사촌인 Sinterklaus가 선물을 나누어 준다. 선물을 전하는 날도 역시 12월 24일 또는 25일이 아니라 12월 5일이다. 물론 12월 25일에도 성탄절을 축하한다. 성탄절 전날에는 가족끼리 저녁을 먹고 교회에 간다.

중국에서는 기독교가 승인된 종교가 아니기 때문에 공식적인 축하행사는 없지만 베이징 같이 큰 도시에서는 산타 복장을 한 사람들이 사탕을 나누어주는 풍경을 볼 수 있다. 중국에서는 크리스마스 트리를 '빛의 나무' 라고 부르며 종이로 만든 장식과 종이꽃으로 나무를 장식한다. 중국의 어린이들도 성탄절 선물을 기다리는데, 중국에서는 산타클로스를 "Dun Che Lao Ren" 이라고 한다.

Christmas is a world holiday. Even though it is originally to celebrate the birth of Jesus, everyone, whether he believes in God or not, enjoys Christmas. The West Bank town of Bethlehem is the place where Jesus Christ was born. On Christmas Eve natives and visitors crowd the church's doorways and stand on the roof to watch for the dramatic annual procession. The police ride horses and lead the parade. The procession solemnly enters the doors and places an ancient effigy of the Holy Child in the church. Christian homes in Bethlehem are marked by a cross painted over the door and each home displays a homemade manger scene.

The people in Brazil celebrate Christmas in a different way. They enjoy a folk play called Los Pastores ("The Shepherds"). In the Brazilian version, there are shepherdesses rather than shepherds and a gypsy who attempts to kidnap the Christ Child. Christmas picnics and banquets are also common. Special items and usual holiday recipes are tried along with the cakes and wines. People make a special meal and decorate their houses. Many go to church to attend services with family tradition.

What is interesting about Christmas in the Netherlands is that Santa Claus doesn's visit as he does in other parts of the world but his cousin, Sinterklaus. And it's not December 24th or 25th when Sinterklaus brings Christmas presents but December 5th. Christmas is also celebrated on the 25th of December. On Christmas Eve people have dinner together and afterwards go to evening church services.

Since Christianity is not sanctioned in China, there aren't any official celebration. However, in big cities like Beijing, we can see people in Santa Claus dress giving out candies in stores. In China Christmas trees are called "trees of light". People decorate trees with paper chains and paper flower. Children in China also wait for Dun Che Lao Ren (China's Santa) hoping to get Christmas presents.

Chapter 9

Love Is Actually All Around

사랑은 실제로 어디에나 있어요

Movie Talk

인터뷰

Love Questionnaire

Chapter 9

사랑은 실제로 어디에나 있어요

Love Is Actually All Around

시간 01:57:06 ~ 02:08:48

138. MARSEILLE. NIGHT

Jamie arrives in a cab in a very poor city street in Marseille. He gets out of the cab, heads down and knocks on a door.
A man answers, about sixty, big belly, just wearing a vest. Jamie speaks in not quite fluent Portuguese.

JAMIE : Boa noite, Mr. Barros?

BARROS : Yes.

JAMIE : I am here to ask your daughter for her hands in marriage.

BARROS : You want to marry my daughter?

JAMIE : Yes.

Mr. Barros calls back into the house.

BARROS : Come here, there is a man at the door.

Through the plastic curtain, comes a very big Portuguese girl.

138. 밤. 마르세유
제이미, 마르세유의 허름한 한 동네에 도착한다. 택시에서 내려 한 집으로 다가가 문을 두드린다.
60세 정도의 배가 나온, 조끼 차림의 남자가 나온다. 제이미, 서투른 포르투갈어로 말을 건넨다.

제이미 : 안녕하세요. 바로스씨죠?

바로스 : 네.

제이미 : 선생님의 딸과 결혼하고 싶어서 이렇게 왔습니다.

바로스 : 당신이 내 딸과 결혼하고 싶다고요?

제이미 : 네.

바로스, 누군가를 부른다.

바로스 : 여기 좀 와봐라. 여기 누가 오셨다.

플라스틱의 커튼이 젖혀지고 뚱뚱한 포르투갈 여자가 나온다.

- **belly**
  배, 복부.
- **vest**
  조끼.
- **fluent**
  유창한.
- **ask somebody in marriage**
  청혼하다.
  - take a person in marrige
    ~를 아내로〔남편으로〕 삼다.

BARROS : He wants to marry you.

SOPHIA : But I've never met him before.

BARROS : Who cares?

SOPHIA : You're going to sell me to a complete stranger?

BARROS : Sell? Who said "sell"? I'll pay him.

JAMIE : Pardon me. I'm meaning your other daughter, Aurelia.

BARROS : She's not here. She's at work. I'll take you. You, stay here!

SOPHIA : As if I would. Stupid!

The four of them, including a curious, old lady neighbour, head off down the steps instantly passing a small restaurant where a few people are having supper outside.

SOPHIA : Father is about to sell Aurelia as a slave to this Englishman.

The people get up from their tables and follow.

139. INT. DEPARTURES. HEATHROW AIRPORT. NIGHT

Heathrow airport, Daniel and Sam are rushing in. They look up at a board that says, "New York, gate 36, last call."

DANIEL : Wait, wait. Oh, no.

140. MARSEILLE. NIGHT

Jamie and father and sister are moving through the streets followed by an ever increasing crowd.

SOPHIA : You better not say "yes", Father.

BARROS : Shut up. Miss Dunkin' Dount 2003.

바로스 : 저 남자가 너랑 결혼하고 싶단다.
소피아 : 하지만 저는 저 사람을 한 번도 만난 적이 없어요.
바로스 : 무슨 상관이야.
소피아 : 아빠는 저를 전혀 모르는 낯선 사람한테 파실 거예요?
바로스 : 판다고? 누가 판다고 하더냐? 내가 저 남자한테 오히려 돈을 줄 셈인데.
제이미 : 저기, 제가 말하는 사람은 다른 따님인데요, 오렐리아요.
바로스 : 그 애는 여기 없어요. 지금 일해요. 모셔다 드리죠. 넌 집에 있어!
소피아 : 내가 그럴 것 같아요?

궁금해서 따라 온 옆집 중년 부인까지 모두 4명이서 작은 식당을 지나친다. 그 식당에서는 밖에서 몇 안 되는 사람들이 저녁을 먹고 있다.

소피아 : 아버지가 오렐리아를 이 영국 남자에게 노예로 팔려고 해요.

사람들, 모두 구경하러 따라 나선다.

139. 밤. 히드로 공항. 내부. 탑승구
다니엘과 샘, 히드로 공항으로 서둘러 들어간다. 둘 다 전광판에 '뉴욕 36번 출구-마지막 탑승 안내' 라는 글을 본다.

다니엘 : 잠깐, 잠깐만. 오, 이런.

140. 마르세유. 외부
제이미와, 오렐리아의 아버지, 동생 뒤로 수많은 사람들이 따라간다.

소피아 : 아버지, 허락하시면 안 돼요.
바로스 : 입 다물어. 미스 뚱보야.

- **as if**
  마치 ~처럼.
- **curious**
  호기심 많은.
- **supper**
  저녁 식사(dinner 보다 가벼운 식사).
- **be about to + 동사원형**
  막 ~하려는 참이다.
- **slave**
  노예.
- **rush**
  돌진하다, 급하게 ~하다.
- **follow**
  ~을 쫓다, ~을 따라가다.

Who cares?
무슨 상관이야.
= I don't care.
상관 안 해.

이것만은 꼭!

Who cares?

무슨 상관이야.

141. INT. DEPARTURES. HEATHROW AIRPORT. NIGHT

They reach the fast track entry point.

DANIEL : Look, we're not actually flying.

GATEMAN : You can't come through without a boarding pass.

DANIEL : Not even to let the boy say goodbye to the love of his life?

GATEMAN : No.

DANIEL : I'm sorry, Sam.

Another passenger comes past.

GATEMAN : Boarding pass, sir?

The man is in great confusion.

PASSENGER : Just give me a moment. I know I've got it here.... If you'd just.... Could you hold that for a second? (hands gate man his coat and hand luggage) it's... if you could just hang on to this.

DANIEL : Unless....

SAM : What?

DANIEL : Do you want to make a run for it?

SAM : Do you think I should?

DANIEL : Yeah.

SAM : OK.

DANIEL : Yes!

The passenger is Rufus from Selfridges. The gate man now has a large hand case and a coat over his arms. Sam spots his chance. He makes a run for it, he passes through, past the gateman, who doesn't see him go.

141. 밤. 히드로 공항. 탑승구. 내부
다니엘과 샘, 가장 빠른 탑승구로 간다.

다니엘 : 저기요, 우리는 비행기를 진짜로 탈 거는 아니거든요.
직 원 : 비행기표 없이 들어가실 수 없습니다.
다니엘 : 이 애가 사랑하는 애에게 작별 인사하는 것도 안 됩니까?
직 원 : 안 됩니다.
다니엘 : 안됐구나, 샘.

다른 승객이 지나간다.

직 원 : 비행기표를 보여주시기 바랍니다.

승객, 아주 난처해한다.

탑승객 : 잠깐만요. 여기 있는데. 잠시만……. 이것 좀 잠깐만 들어주실래요? (옷과 가방을 들려주며) 이건… 잠깐만 기다리시면…….
다니엘 : 안 그러면… 몰래 들어가 볼래?
샘 : 그래도 될까요?
다니엘 : 그럼.
샘 : 좋아요.
다니엘 : 됐어.

이 승객은 백화점 점원 루퍼스다. 공항 직원은 루퍼스가 준 가방과 코트를 양 손에 들고 있다. 샘, 그때를 이용해서 안으로 달려 들어간다. 직원은 알아채지 못한다.

- **a boarding pass**
  비행기 탑승권, 비행기표.
- **confusion**
  당황, 혼동.
- **hang on**
  붙잡고 있다.
- **unless**
  만약 ~이 아니라면.
  = if not

Do you want to make a run for it?
안 그러면, 몰래 들어가 볼래?
• run for it
(위험에서) 급히 도망치다.

이것만은 꼭!

Do you want to make a run for it?
안 그러면, 몰래 들어가 볼래?

RUFUS : I must have left it where I was having a cup of coffee. I'm sorry.

Rufus walks past Daniel.

142. INT. INSIDE DEPARTURES. HEATHROW. NIGHT

Meantime on the other side, Sam finds himself in the queue for security. He runs at the rectangular security machine, jumps over the security man at that moment kneeling to check a man's trousers.

Another security guard tries to catch him but is left holding nothing but his coat.

Sam is now in the main shopping area. He sprints through it hotly pursued by two security guards.

Then he's running through a large empty corridor next to a moving walk way by this time four guards are after him.

He turns a corner and runs straight into a huge crowd of passengers with suitcases and dodges nimbly between them.

The guards following are slowed down by this obstacle.

He races through a blue door. Finally he spots the sign saying "gate 36". He looks down and sees Joanna and her family handing in their boarding cards.

143. MARSEILLE. NIGHT

Cut on—now 40 people are coming down a thinner set of steps, they reach the bottom, and turn sharp left, to head towards the restaurant.

CHILD 1 : Apparently he is going to kill Aurelia.

CHILD 2 : Cool!

144. INT. DEPARTURES GATE. HEATHROW AIRPORT. NIGHT

Sam finally reaches the doors of the room that is gate 36 and can see Joanna just going through to the plane...

But a sturdy security guards and a couple of hostesses stand between him and her. Up in the television screens is Billy starting to take his clothes off as he performs his song. Sam takes his chance and nips in.

SAM : Joanna.

JOANNA : Sam?

루퍼스 : 커피 마시던 데에 두고 왔나봐요. 죄송합니다.

루퍼스, 다니엘을 지나친다.

142. 밤. 히드로 공항. 탑승구 안. 내부

샘, 안으로 들어오자 안전 검색 때문에 길게 늘어선 줄을 본다. 검색문으로 다가가 검색요원이 승객 바지를 검색하려고 구부린 순간 뛰어 들어간다.
다른 요원이 샘을 잡으려 하지만 벗겨진 샘의 코트만 손에 들고 있다.
샘, 쇼핑몰에 들어선다. 두 명의 안전 요원이 뒤쫓아 오고 샘은 전력질주하여 도망친다.
샘, 무빙벨트 옆 아무도 없는 복도를 달리기 시작한다. 뒤에는 이제 4명의 요원들이 쫓아가고 있다.
코너를 돌아 짐과 가방을 들고 있는 많은 승객들 사이로 재빠르게 들어간다.
뒤따라오던 요원들 달려 오다가 많은 승객들 때문에 주춤한다.
샘, 파란 문을 통과하여 36번 출구를 찾아낸다. 샘, 조안나와 그녀의 가족들이 표를 내고 있는 것을 본다.

143. 밤. 마르세유

40명의 사람들이 좁은 계단을 내려와 잽싸게 왼쪽으로 돌아 식당을 향한다.

어린이 1 : 저 남자, 오렐리아를 죽이려나봐.

어린이 2 : 재밌겠는데.

144. 밤. 히드로 공항. 내부. 탑승구

샘, 마침내 36번 탑승구에 다다르자 비행기 안으로 들어가고 있는 조안나가 보인다.
샘과 조안나를 사이에 두고 안전요원과 직원이 있다. 위쪽 TV에서는 옷을 벗으며 노래를 하고 있는 빌리가 보인다.
샘, 기회를 놓치지 않고 뛰어든다.

샘 : 조안나.

조안나 : 샘?

- **meantime**
  사이에, 동안.
  - in the meantime
    그러는 사이에.
- **queue**
  줄, 열.
- **the rectangular security machine**
  주로 공항에서 볼 수 있는 보안 장치로 사람이 지나가면 자동 수색을 한다.
- **sprint**
  전력 질주하다.
- **dodge**
  피하다, 날쌔게 비키다.
- **nimbly**
  민첩하게, 재빠르게.
- **sturdy**
  힘센, 튼튼한.
- **nip**
  (기회 등을) 잡아채다.

I must have left it where I was having a cup of coffee.
커피 마시던 데에 두고 왔나봐요.
- must have+p.p.
  ~이었음에 틀림없다.
- She must have been crying.
  그녀가 울고 있었던 게 틀림없어.

이것만은 꼭!

I must have left it where I was having a cup of coffee.

커피 마시던 데에 두고 왔나봐요.

SAM : I thought you didn't know my name.

JOANNA : Course I do.

Now all his pursuers have arrived.

SAM : Oh, Jesus. Here. I've gotta run.

145. INT. DEPARTURES. NIGHT

We cut to Sam, led out by guards towrds a waiting Daniel.

As he moves towards Daniel with a smile on his face, and suddenly gets a tap on his shoulder. He turns, it's Joanna, she kisses him on the cheek. Then she turns and runs back.

Sam grins like a madman and runs to Daniel, who lifts him in the air and spins him round.

146. EXT. MARSEILLE. NIGHT

We see this sixty people sweeping down an alley—they've been collecting at sister Sophia's instigation.

Suddenly they have arrived at a humble Portuguese restaurant. Jamie hesitates before entering but then heads on in.

147. INT. RESTAURANT. MARSEILLE. NIGHT

There is a proprietor with a huge black moustache behind the bar.

BARROS : Where is Aurelia?

PROPRIETOR : Why should I tell you?

BARROS : This man wants to marry her.

PROPRIETOR : He can't do that. She's our best waitress.

And at that moment, Aurelia appears upstairs holding plates of food. She turns and sees Jamie standing there. She freezes.

JAMIE : Boa noite, Aurelia.

AURELIA : Boa noite, Jamie.

샘 : 나는 네가 내 이름을 모르는 줄 알았어.
조안나 : 물론 알지.

샘을 쫓아오던 사람들이 모두 와 있다.

샘 : 이런! 저기. 나, 도망가야 돼.

145. 밤. 출구. 내부
샘, 요원들의 인도를 받으면서 기다리고 있는 다니엘쪽으로 나오고 있다. 다니엘 쪽으로 걸어오는 샘의 얼굴은 흐뭇한 표정이다. 그때 누군가 어깨를 두드려 뒤를 돌아보니 조안나가 와 있다. 조안나, 샘의 볼에 키스를 하고 돌아서 달려간다.
샘, 싱글벙글하며 다니엘에게 뛰어간다. 다니엘 샘을 번쩍 들어올려 한바퀴 돈다.

146. 밤. 마르세유. 외부
소피아의 선동에 60명의 사람들이 몰려들어 걸어가고 있다.
허름한 포루투갈 식당에 도착하자 제이미 잠시 머뭇거리다 안으로 들어간다.

147. 밤. 마르세유. 식당. 내부
콧수염을 기른 식당 주인이 바 뒤에 서 있다.

바로스 : 오렐리아, 어딨어?
주 인 : 내가 왜 얘기해야 되는데요?
바로스 : 이 남자가 그 애하고 결혼하고 싶대.
주 인 : 안 돼. 그 애는 우리 식당의 최고의 직원인데.

그때 오렐리아, 위층에서 음식을 나르고 있다. 아래층의 제이미를 보고 놀라 멈춘다.

제이미 : 안녕, 오렐리아.
오렐리아 : 안녕, 제이미.

- **cheek**
  볼.
- **grin**
  씩 웃다, 싱글거리다.
- **alley**
  좁은 길, 골목길.
- **instigation**
  선동.
- **humble**
  초라한, 보잘 것 없는.
- **proprietor**
  소유자, 경영자.
- **moustache**
  콧수염.
- **plate**
  접시.

Course I do.
물론 알지.
= Of course I do.

이것만은 꼭!

Course I do.

물론 알지.

Pause. The entire restaurant has fallen silent and is listening.

JAMIE : Beautiful Aurelia.... I've come here with a view to asking you... to marry me. I know I seem an insane person because I hardly know you... but sometimes things are so transparency, they don't need evidential proof. And I will inhabit here, or you can inhabit with me in England.

SOPHIA : Definitely go for England, girl. You'll meet Prince William, then you can marry him instead.

BARROS : Ssssh.

JAMIE : Of course I don't expecting you to be as foolish as me, and of course I prediction you say "no"... but it's Christmas and I just wanted to... check.

Pause as she thinks.

SOPHIA : O God, say "yes", you skinny moron.

Cut back to Aurelia and back to Jamie. Then, because she too has learnt English, she speaks in very broken English.

AURELIA : Thank you.... That will be nice. "Yes" is being my answer.... Easy question.

BARROS : What did you say?

AURELIA : Yes, of course.

PROPRIETOR : Bravo!

잠시 침묵이 흐른다. 식당 전체가 조용해지고 모두 그들을 주목한다.

제이미 : 아름다운 오렐리아, 당신에게 청혼을 하는 모습을 그리며 여기에 왔어요. 당신을 잘 알지도 못하면서 이러는 내가 미친 사람처럼 보인다는 거 알아요. 하지만 어떤 것은 너무 명백해서 확실한 증거가 필요없는 것도 있죠. 여기에서 살께요. 아니면 영국에서 나랑 같이 살아도 좋아요.

소피아 : 당연히 영국으로 가야지. 윌리엄 왕자를 만나는 거야. 그리고 이 사람 말고 왕자와 대신 결혼하는 거야.

바로스 : 쉿.

제이미 : 물론 나는 당신이 나처럼 바보같은 행동을 하길 기대하지 않아요. 물론 아니라는 대답을 예상하고 있어요. 하지만 지금은 성탄절이고 그래서 그냥… 확인하고 싶어서…….

오렐리아, 생각 중이다.

소피아 : 아이고, 그런다고 말해, 이 말라깽이야.

서로 쳐다본다. 오렐리아, 그동안 배운 영어로 서툴지만 말을 건넨다.

오렐리아 : 고마워요. 정말 좋을 것 같아요. 그럴게요. 쉬운 질문이에요.

바로스 : 뭐라고 했니?

오렐리아 : 물론, 결혼할 거예요.

주 인 : 브라보!

- **transparency** 명백, 투명.
- **evidential** 증거의, 명백한.
- **inhabit** 살다, 거주하다.
- **definitely** 확실히, 그렇고말고.
- **instead** 대신에.
- **prediction** 예언.
- **skinny** 깡마른.
- **moron** 멍청이, 얼간이.
- **broken English** 문법이 맞지 않는 영어.

Because I hardly know you~.
당신을 잘 알지도 못하면서~.
• hardly
거의 ~하지 않는.
ex) He hardly works.
그는 거의 일을 하지 않는다.

이것만은 꼭!

Because I hardly know you~.

당신을 잘 알지도 못하면서~.

Everyone cheers and applauds. She heads down the tiny sweeping staircase. The band starts to play.

JAMIE : You learnt English?

AURELIA : Just in cases.

Aurelia and Jamie move together and kiss. They are interrupted by a tap on his shoulder from Aurelia's sister who plants a huge kiss on his mouth. A second later her father does exactly the same.

148. INT. ARRIVALS GATE. HEATHROW AIRPORT. 1 MONTH LATER. DAY

It is the arrivals gate one month later. The arrivals gate opens to reveal Billy who has a gorgeous blonde with him. Joe steps out of the crowd to meet them.

JOE : Hello, Daisy.

BILLY : This one's Greta.

JOE : Hello, Greta.

Next out are Jamie and the radiant Aurelia. Peter and Juliet there to greet him.

JAMIE : Well, here she is.... This is Aurelia. This is Juliet, Peter.... Oh, Mark. Hi, I didn't see you there.

For indeed, Mark is there, standing behind.

MARK : Yeah, just thought I'd tag along.

AURELIA : Jamie's friends are so good looking. He never tells me this. I think maybe now I have made the wrong choice, picked the wrong Englishman.

JAMIE : She can't speak English properly. She doesn't know what she's saying.

모두 기뻐하며 박수를 친다. 오렐리아, 작은 계단을 내려온다. 음악이 연주된다.

제이미 : 영어 배웠어요?
오렐리아 : 혹시나 해서요.

오렐리아와 제이미, 다가가 키스를 한다. 소피아, 제이미의 어깨를 두드리더니 그에게 키스를 한다. 잠시 후 아버지도 똑같이 키스를 한다.

148. 한달 후. 낮. 히드로 공항. 내부. 도착문
한달 뒤 히드로의 도착 문의 모습이다. 문이 열리자 빌리 아름다운 금발의 여자와 같이 나온다. 빌리를 맞이하기 위해 군중들 속에서 조가 나온다.

조 : 안녕하세요, 데이지.
빌 리 : 이 애는 그레타야.
조 : 안녕하세요, 그레타.

다음, 제이미와 환한 얼굴의 오렐리아가 나온다. 이들을 맞이하기 위해 피터와 줄리엣이 나온다.

제이미 : 저기 있네. 여기는 오렐리아야. 여기는 줄리엣, 피터, 오 마크, 너는 못 봤어.

마크, 두 사람 뒤에 서 있다.

마 크 : 응, 그냥 따라왔어.
오렐리아 : 제이미의 친구분들은 다 잘생기셨네요. 그는 이런 얘기 한번도 안 하던데요. 잘못 고른 것 같은데요. 아무래도 못생긴 영국 남자를 고른 것 같아요.
제이미 : 영어를 잘 못해. 지금 자기가 무슨 말하는지도 몰라.

- **plant**
  (키스를 힘차게) ~에 하다.
- **reveal**
  나타나다.
- **blonde**
  금발의 여성.
- **radiant**
  환하게 웃는, 즐거운 듯한.
- **Just thought I'd tag along.**
  그냥 따라왔어.
  • tag along
  쫓아다니다, 붙어다니다, 따라다니다.
- **properly**
  정확히, 올바르게.

Just in cases.
혹시나 해서요.
• in case
만일을 생각하여.
ex) Wear a raincoat (just) in case.
만일의 경우를 생각하여 비옷을 입어라.

이것만은 꼭!

Just in cases.

혹시나 해서요.

Harry comes out and looks around. Karen is waiting. And there are the kids carrying a sign—"Welcome Home Dad". Harry hesitantly goes to kiss Karen.

DAISY : Dad! Dad!

HARRY : Oh, God!

DAISY : Did you get us any present?

HARRY : As a matter of fact, I did.

BERNIE : Thanks, Dad.

HARRY : How are you?

KAREN : I'm fine. I'm fine. Good to have you back. Come on. Home.

Then it is Joanna—the little girl, cut to Daniel and Sam waiting, and Carol with a cup of coffee.

SAM : There she is.

Sam, runs to her.

JOANNA : Hi.

SAM : Hello.

DANIEL : Aw, he should have kissed her.

CAROL : No, that's cool.

해리가 나와서 주위를 둘러본다. 카렌이 기다리고 있다. 아이들은 '아빠 돌아오신 것을 환영해요.'라는 글을 들고 서 있다. 해리, 머뭇거리면서 카렌에게 키스한다.

데이지 : 아빠, 아빠!
해 리 : 오, 그래!
데이지 : 선물 사오셨어요?
해 리 : 물론 그랬단다.
버 니 : 고마워요, 아빠.
해 리 : 잘 지냈소?
카 렌 : 네, 잘 지냈어요. 당신이 돌아와서 기뻐요. 자 집으로 가요.

다음에는 조안나가 나온다. 다니엘과 샘이 기다리고 있다. 옆에는 커피를 들고 있는 캐럴이 서 있다.

샘 : 저기 온다.

샘, 달려나간다.

조안나 : 안녕.
샘 : 안녕.
다니엘 : 뽀뽀를 해줬어야지.
캐 럴 : 괜찮아요, 저게 멋있어요.

- **look around**
  (주위를) 둘러보다.
- **sign**
  표시, 표지(판).
- **hesitantly**
  주저하면서.
- **cool**
  멋진, 근사한, 훌륭한.

As a matter of fact, I did.
물론 그랬단다.
• as a matter of fact
사실은, 실은(= in fact).
ex) As a matter of fact, I can hardly speak English.
사실은 나, 영어를 거의 하지 못해.

이것만은 꼭!

As a matter of fact, I did.
물론 그랬단다.

Tony is also waiting. He's tapped on the shoulder, there are John and Judy.

TONY : Hey! What are you two doing here?

She wiggles an engagement ring on her finger.

JOHN : I might get a shag at last.

JUDY : Naughty.

JOHN : Gotta go. See ya.

JUDY : Bye!

Tony turns back as the arrivals gate opens to reveal Colin, waving triumphantly.

COLIN : Yahoo! This is Harriet.

He turns and points behind him - and through the doors comes his new girlfriend, Harriet.

HARRIET : Hi. Really pleased to meet you.

TONY : Hello, Harriet.

HARRIET : I hope you don't mind, I sort of brought my sister to stay. This is Carla. She's real friendly.

And Harriet gestures backwards, coming through the customs is Carla.

토니 역시 누군가를 기다린다. 누군가 어깨를 두드려 돌아보니 존과 주디가 와 있다.

토 니 : 여긴 둘이 웬일이에요?

주디, 약혼 반지를 만지작거린다.

존 : 나, 마침내 여자랑 잠자리를 하게 됐어요.
주 디 : 짓궂기는.
존 : 갈게요. 또 봐요.
주 디 : 그럼, 안녕히.

토니, 몸을 돌려 문을 보자 콜린이 손을 흔들며 의기 양양하게 나오고 있다.

콜 린 : 야후! 여기는 해리엇이라고 해.

콜린, 뒤따라오는 새 여자친구, 해리엇을 가리킨다. 해리엇, 문에서 나온다.

해리엇 : 안녕하세요, 만나서 정말 반갑습니다.
토 니 : 안녕하세요, 해리엇.
해리엇 : 제 동생을 데려왔는데 괜찮을지……. 칼라예요. 참 상냥해요.

해리엇, 뒤돌아 출구를 가리킨다. 칼라가 나온다.

- **wiggle**
  흔들다, 움직이다.
- **an engagement ring**
  약혼 반지.
- **at last**
  마침내, 드디어.
- **naughty**
  장난꾸러기의, 익살스런.
- **triumphantly**
  의기양양하게.

Gotta go.
갈게.
= Bye.
= I've got to go.
= I have to go.

이것만은 꼭!

Gotta go.
갈게.

CARLA : Hello, you must be Tony.

She hugs him and then kisses him full on the lips.

CARLA : I heard you were gorgeous.

She kisses him again. Tony is stunned.
Then cameras start to flash, a big stir and the Prime Minister comes through, surrounded by security people. After a tiny pause, Natalie rushes through the crowd and hugs him with total love, throwing her legs around his waist, flashes of 30 waiting paparazzi flash.

PM : God, you weigh a lot.

NATALIE : O shut your face.

They walk off happily together. We move to genuine footage of real people hugging and kissing friends and family from across the world. We're back in the world of normal people with love actually is all around.

칼 라 : 안녕하세요. 토니, 맞죠?

칼라, 토니에게 포옹을 하고 입술에 키스를 한다.

칼 라 : 멋지신 분이라고 들었어요.

다시 키스를 한다. 토니 놀란다.
사진기의 플래시가 터지기 시작한다. 수상, 그의 요원들에 둘러싸여 출구에서 나오고 있다. 잠시 후, 나탈리가 군중 속에서 뛰어나와 수상에게 달려가 다리를 그의 허리에 감아 안긴다. 수많은 파파라치가 사진을 찍어댄다.

수 상 : 맙소사, 당신 꽤 무겁군.
나탈리 : 오, 아무 말 말아요.

수상과 나탈리, 행복한 모습으로 걸어나간다. 화면에는 친구들과 가족들이 껴안고 키스하는 장면이 나온다. 서로 사랑하는 세상 사람들의 모습이 비춰진다. 사랑은 어디에나 있다.

- **stir**
  동요, 야단법석.

- **paparazzi**
  파파라치(paparazzo의 복수형).
  - paparazzo
    파파라초(유명인을 뒤쫓는 자유 계약 사진가).

- **footage**
  (영화 · 필름 등의) 피트 단위의 길이, (영화 · TV의) 특정 장면.

You must be Tony.
토니, 맞죠?
- must be
  ~임에 틀림없다.

ex) These must be the new shoes.
이 신발은 새 것임이 분명해.

이것만은 꼭!

You must be Tony.

토니, 맞죠?

Movie Talk

인터뷰

Love Questionnaire

휴 그랜트 (수상)

Q. 첫사랑은? 그때 나이는?

A. 금발머리의 13살짜리의 소녀, 줄리엣입니다. 그녀는 노동당 지도자인 마이클 푸트(Michael Foot)를 닮았었죠. 저는 11살이었습니다.

Q. 가장 좋아하는 성탄절 노래는?

A. 소리 나는 성탄카드 보내는 것을 좋아하는 제 회계사가 즐겨 부르는 '그 어리신 예수'입니다.

Q. 가장 좋았던 성탄절 선물은?

A. 공기총입니다. 받자마자 나가서 벌을 쐈었죠.

Q. 사랑이 실제로 세상 어디에나 있다고 생각하나요?

A. 아니오. 세상은 미움과 욕심으로 가득 차 있죠.

Q. Who was the first person ever loved, and how old were she and you?

A. A girl called Juliet. I was eleven. She was thirteen, blonde, wore glasses and looked a bit like the Labour Party leader, Michael Foot.

Q. What's your favourite Christmas song?

A. "Away in a Manger" as sung by my accountant, who likes to send audio Christmas cards.

Q. What is your best ever Christmas present?

A. An air gun. I went straight out and shot a bee.

Q. Is love actually all around?

A. No. The world is full of hatred and greed.

앤드류 링컨 (마크)

Q. 첫사랑은? 그때 나이는?

A. 사라 베넷이라는 10살 짜리의 소녀였어요. 저는 9살이었죠.

Q. 가장 좋아하는 노래는?

A. 프랭키, 〈할리우드에 가다〉의 '사랑의 힘'입니다.

Q. 가장 좋았던 성탄절 선물은?

A. 제 강아지 찰리요. 지금은 하늘 나라에 있어요.

Q. 사랑이 실제로 세상 어디에나 있다고 생각하나요?

A. 그럼요, 물론이죠.

마틴 맥구천 (나탈리)

Q. 첫사랑은? 그때 나이는?

A. 데이비드 사무엘 재즈 선생님. 저는 15살이었고 선생님은 21살인가 22살이었습니다.

Q. 가장 좋아하는 노래는?

A. "Evergreen"

Q. 가장 좋았던 성탄절 선물은?

A. 전의 남자친구가 벌거벗고 자신의 성기에 빨간색 리본을 묶고 선 모습이요.

Q. 사랑이 실제로 세상 어디에나 있다고 생각하나요?

A. 아니오. 하지만 그러기를 바랍니다.

Andrew Lincoln (Mark)

Q. Who was the first person ever loved, and how old were she and you?

A. Sarah Bennet. She was ten, and I was nine.

Q. Wha's your favourite Christmas song?

A. "Power of Love" by Frankie *Goes to Hollywood*.

Q. What is your best ever Christmas present?

A. My dog Charlie, now deceased.

Q. Is love actually all around?

A. Yeah, baby, yeah!

Martine McCutcheon (Natalie)

Q. Who was the first person ever loved, and how old were he and you?

A. My jazz teacher, David Samuel, when I was fifteen. He was twenty-one or twenty-two and was gorgeous.

Q. What's your favourite song?

A. "Evergreen"

Q. What is your best ever Christmas present?

A. An ex-boyfriend standing naked with nothing but a red ribbon tied on his privates.

Q. Is love actually all around?

A. No, but I wish it was.

케이라 나이틀리 (줄리엣)

Q. 첫사랑은? 그때 나이는?

A. 찰리 루이스. 저는 4살 반이었고 그는 저보다 조금 더 많았죠.

Q. 가장 좋아하는 성탄절 노래는?

A. '루돌프 사슴코'

Q. 가장 좋았던 성탄절 선물은?

A. 작년에 받은 저울 세트.

Q. 사랑이 실제로 세상 어디에나 있다고 생각하나요?

A. 그럼요, 물론이죠!

Keira Knightley (Juliet)

Q. Who was the first person ever loved, and how old were he and you?

A. Charlie Lewis—I was four and a half and he was four and three quarters—an older man.

Q. What's your favourite Christmas song?

A. "Rudolph the Red Nose Reindeer", of course.

Q. What is your best ever Christmas present?

A. A Scale set which I got last year.

Q. Is love actually all around?

A. Yes, absolutely!

Beautiful Aurelia....
I've come here
with a view to asking you...
to marry me.
I know I seem an insane person
because I hardly know you...
but sometimes things are
so transparency,
they don't need evidential proof.
And I will inhabit here,
or you can inhabit
with me in England.

But it's **Christmas** and I just wanted to... check.

O shut your face.
God, you weigh a lot.
The new iMac

Love actually is all around.